本书获暨南大学“华侨华人研究”
优势学科创新平台资助

国家出版基金项目
NATIONAL PUBLICATION FOUNDATION

教育部人文社会科学重点研究基地
Key Research Institute of Humanities and Social Sciences at Universities
暨南大学华侨华人研究院
Academy of Overseas Chinese Studies in Jinan University

·世界华侨华人研究文库·

主权和移民

东南亚华人契约性身份政治研究

余彬 著

暨南大学出版社
JINAN UNIVERSITY PRESS

中国·广州

图书在版编目（CIP）数据

主权和移民：东南亚华人契约性身份政治研究/余彬著. —广州：暨南大学出版社，2014.5
（世界华侨华人研究文库）
ISBN 978－7－5668－1017－5

Ⅰ.①主…　Ⅱ.①余…　Ⅲ.①华人—移民—研究—东南亚　Ⅳ.①D733.038

中国版本图书馆CIP数据核字（2014）第091610号

出版发行：暨南大学出版社

出 版 人：徐义雄
责任编辑：黄圣英　郑晓玲　黄多多
责任校对：周优绚

地　址：中国广州暨南大学
电　话：总编室（8620）85221601
营销部（8620）85225284　85228291　85228292（邮购）
传　真：（8620）85221583（办公室）　85223774（营销部）
邮　编：510630
网　址：http：//www.jnupress.com　http：//press.jnu.edu.cn

排　版：广州市天河星辰文化发展部照排中心
印　刷：佛山市浩文彩色印刷有限公司

开　本：787mm×1092mm　1/16
印　张：9
字　数：149千
版　次：2014年5月第1版
印　次：2014年5月第1次

定　价：25.00元

总 序

在20世纪，华侨华人问题曾经四次引起学术界关注。第一次是20世纪初关于南非华工的问题；第二次是“一战”后欧洲华工问题；第三次是五六十年代东南亚国家出现的“排华”问题；第四次则是80年代中国经济崛起与海外华侨华人关系的问题。每次华侨华人研究成为研究热点时，都有大量高水平研究著作问世，不胜枚举。

进入21世纪以来，随着全球化进程的加速和中国国际化水平的提升，海外华侨华人与中国的发展日益密切，华侨华人研究掀起了新一轮高潮。华侨华人研究机构由过去只有暨南大学、厦门大学、北京大学、华侨大学等少数几家壮大至目前遍布全国的近百所科研院校，研究领域从往昔以华侨史研究为主，拓展至华人政治、华人经济、华商管理、华文教育、华人文学、华文传媒、华人安全、华人宗教、侨乡研究等涉侨各个方面，研究方法也逐渐呈现出多学科交叉的趋势，融入政治学、历史学、社会学、民族学、教育学、新闻与传播学、经济学、管理学、法学等学科方法与视角。与此同时，政府、社会也愈益关注华侨华人研究。国务院侨办近年来不断加大研究经费投入，并先后在上海、武汉、杭州、广州等地设立侨务理论研究基地，凝聚了一大批海内外专家学者，形成了华侨华人研究与政府决策咨询相结合的科学发展机制。而以社会力量与学者智慧相结合的华商研究机构也先后在复旦大学、清华大学等地成立，闯出了一条理论研究与社会实践相结合的华侨华人研究新路径。

作为一所百年侨校，暨南大学在中国华侨华人研究中具有特殊的地位。暨南大学创立于1906年，是中国第一所华侨高等学府。华侨华人研究是学校重要的学术传统和特色。早在1927年，暨南大学便成立了南洋文化事业部，网罗人才，开展东南亚及华侨华人的研究，出版《南洋研究》等刊物。1981年，经教育部批准，暨南大学在全国率先成立华侨华人研究的专门学术机构——华侨研究所，由著名学者朱杰勤教授担任所长。1984 年在国内招收首批华侨史方向博士研究生。1996 年后华侨华人研究被纳入国家“211 工程”1—3 期重点学科建设行列，2000 年获批教育部人文社会科学重点研究基地（华侨华人研究）。暨南大学于2006 年成立了华侨华人研究院，并聘请全国政协常委、国务院侨务办公室原副主任刘泽彭出任院长和基地主任。2011 年，学校再次整合提升华侨华人研究力量，将华侨华人研究院与国际关系学系（东南亚研究所）合并成立国际关系学院/华侨华人研究院，继续聘请刘泽彭同志出任华侨华人研究院院长和基地主任，由华侨华人与国际问题研究知名专家曹云华教授出任国际关系学院院长兼华侨华人研究院执行院长。同时，学校还加大科研经费投入，努力打造“华侨华人研究优势学科创新平台”。研究院在加强自身科研能力的基础上，采取以研究项目、开放性课题为中心，学者带项目、课题进院的工作体制，致力于多学科和国际视野下的前沿研究，立足于为国家的改革开放和现代化建设服务，为社会服务，为政府决策咨询服务，努力将之建设成为世界一流的学术研究机构和人才培养基地。

值华侨华人研究在中华大地百花齐放、百家争鸣之际，为进一步彰显暨南大学科研特色，整合校内外相关研究力量，发掘华侨华人研究新资源，推动华侨华人研究学科的发展，学校推出“世界华侨华人研究文库”。本套丛书的著作多为本校优势学科的前沿研究成果，作者中既有资深教授、学科带头人，也有学界新秀。他们的研究成果从多学科视野探索了国内外华侨华人研究的一些新问题、新趋势，具有较高的学术价值和现实意义。

本套丛书的出版得到学校领导的大力关心与支持，并拨付专款予以资助。国际关系学院/华侨华人研究院领导与部分教师也付出了艰辛的劳动，他们在策划、选题、组稿、编辑、校对等环节投入大量精力。同时，暨南大学出版社对丛书出版也给予高度重视，组织了最优秀的编辑团队全程跟进，并推荐丛书申报国家级优秀图书。在此，我们对所有为本丛书出版付出宝贵心血与汗水的同仁致以最衷心的感谢！

最后，我们期盼本丛书的出版能在华侨华人研究领域激起一点小浪花，引来国内外同行更加深入、广泛的研究，为学界贡献更多高水平的成果！

《世界华侨华人研究文库》编委会

2012 年 3 月

目　录

第一章　东南亚华人身份政治

本章首先对身份、身份政治、契约论进行界说，再述及东南亚华人身份问题领域。对这一问题领域的探讨包括东南亚华人身份问题的产生和提出、构成和发生领域，以及主权结构解释和全球化时态解释。其次是在东南亚华人身份问题的四个发生领域中选择了身份问题发生的政治领域进行讨论，提出了东南亚华人身份政治概念。再次是契约性身份政治概念的提出。最后通过案例浅析马来西亚独立前西马地区华人身份政治演变的过程，得以进一步验证本书提出的这一基本假定：东南亚华人政治的实质是一种身份政治，这种身份政治的核心变量是主权，其基本关系是主权和移民之间的关系。

第一节　相关概念的说明

一、关于身份的概念

根据《韦氏词典》与《牛津词典》的解释，可以对“identity”（身份）一词作以下界定：其一，名词形式的“identity”可以译成中文对应词“身份”，动词形式“identify”可以译成中文对应词“认同”，而“identification”则是“认同”的名词形式。其二，名词“identity”具有多层含义，包括：区别身份，即保持统一性的状态或者事实；肯定身份，即具有某种属性或者条件使得某事物是该事物；认识身份，即某种自我意识，通过这种意识可以感知到某种自我属性的同一性和连续性；归属身份，即某种事物具有同一性的状态或者事实，可归属到这个外延的辖域之中。其三，动词“identify”及其名词形式“identification”也具有多层含义，包括：行动认同，即采取某种行动以实现某种同一性；事物认同，即某种证明性的事物以实现某种归属类别；过程认同，即某种进程以实现属性转移；心理认同，即某种认知以实现和确认与某种事物的等同和关联。可见，“identity”一词在译成中文时，根据不同的语境便有了身份、认同以及身份认同三层意思。

在探讨移民“identity”时，由于西方语境和东方语境的文化差异，中文文献对“identity”一词很少作辨析。但在本书里，必须对身份与认同这两个词作出具体区别才能建立起独特的概念体系，才能探讨从身份政治到契约性身份政治的转变过程。在此，本书对“身份”一词作如下界定：根据身份来源的不同，可以划分为：先赋性身份，即依据出生条件而获得的身份；自致性身份，即个体通过后天争取得到的身份；制度性身份，即由于社会制度和法律政策发生变化而获得的身份。身份是静态的，是个体或者群体在某种社会制度和社会结构中所处的等级地位的外在标志；身份可以以物的形式表现出来，是被某种权力规划的被动客体，是一种被规定、被建构、凝固的社会和政治建筑物。在某些条件下，身份又是动态的，具有一定的流动性，既可以发生个体生命周期中的身份流动性现象，也可以发生宏观历史范畴的身份流动性现象；既有被动的，也有主动的；既可以有一个发生领域，也可以同时有多个发生领域。根据以上对身份概念的界定，本书建立起身份流动性、身份政治、契约性身份政治以及由此引申出的主权和移民之间关系的不同阶段的时态模式，此即本书的思维地图模型。

笔者认为，主要有两种类型的认同：一是自觉认同或主动认同，这是一种在条件对个体有吸引力的情况下易于发生的认同类型，比如群体可以提供给个体意义、价值，有助于实现或满足个体的目标、需求和利益；二是被动认同或强制认同，即在某种压力下个体易于发生的认同类型，比如个体为了避免在群体中处于不利地位而采取的从众行为，或者由于个体存在信息缺乏与在是非标准缺失的情况下收到某种暗示而产生的一种群体认同。

二、关于身份政治的概念

20 世纪 50 年代是东南亚国家的独立时期，华人面临着重大的历史选择，即选择自己的主权身份。这是一个关于身份构造的巨大政治事件。本书由此推论出，这个事件里包含一种身份政治的逻辑，其核心变量就是主权。因此，本书把由于主权产生而导致的身份选择称为主权身份政治。在主权身份形成之前，东南亚华人的身份包含着自然的文化内容和种族内容，这个阶段可以被理解为一种自然身份社会。在主权身份形成后，东南亚华人身份发生了时态变化。本地人的“土著主义”以及强迫同化政策使华人处于一种种族身份政治阶段。进入全球化时代后，跨国社会和个体行为理论对主权理论与移民理论进行了一种再构造运动，从而使全球化阶段的移民身份社会进入本书所界定的新全球主义身份社会。

不难看出，本书提出的身份政治概念，其核心变量是主权，其实质是主权和移民二者之间的关系及互动。根据主权和移民二者之间关系的演变，本书将东南亚华人的身份政治划分为上述几个阶段，以便于论述。

三、关于契约论的概念

移民主体对主权权力的构造运动是通过契约这个工具来进行的，这就形成了本书提出的契约性身份政治。它与身份政治最大的区别在于行为主体发生了倒置现象，即移民从被动的客体转向了主动的主体，而这是主权和移民二者之间关系的内在行为主体视角的转向。本书研究的身份政治事实上拥有两重性维度——主权维度和移民主体维度，并且这个两重性维度内在视角的转换是移民通过契约工具来实现的，所以不难看出，本书使用的契约是移民处理自身与主权二者之间关系并在这种关系中实现从客体转向主体这个任务的工具系统。根据上文对身份政治阶段的划分，这种主体维度的契约性身份政治也可以划分为契约性自然身份社会阶段、契约性种族身份政治阶段、契约性主权身份政治阶段、契约性公民权身份政治阶段以及契约性新全球主义身份社会阶段。

综上所述，本书所设置的契约这个概念，被置于这样一种语境下使用：移民在进行自身身份构造的政治运动时，以契约论作为政治工具。契约不必表现为一种法律文本，其基本构件是同意。这种直接或间接的同意行为就是一种政治行动，可以表现为选举政治、政党和其他社会组织（如社团和社会运动）形式。通过契约工具，移民在自身身份构造的政治运动中作为一种主动的主体出现，这是契约论的意义所在。

第二节　东南亚华人身份问题领域的提出

学术界关于华人身份问题的争议性体现在三个方面：一是华人身份指称的变化，包括从华侨、华人、华族、华裔到新华人的指称变化；二是华人身份的发生领域，包括文化适应、政治认同、华人资本的种族性和族群关系等方面；三是华人身份特性的变化，包括从实质意义上的华商、华工到非本质层面上的可商议性、离散性、空洞性的转移。从身份问题现象的产生，到出现身份问题领域，再到该身份问题领域的深度分化，一直到现在出现的新华人的离散化现象，华人的身份历程是一个有着阶段性特征的历史进程。华人身份问题的历史特征，因其复杂性而在学术界引起了持久的争议，产生了华人的身份问题研究领域。在世界各地区的华人中，东南亚华人由于其历史特征而具有时间形态上的完备性，一直是学术界调查研究的重点对象。其中，王赓武始终在关注东南亚华人身份问题的演化，具有在场者和旁观者的双重身份，并参与了东南亚华人身份事件的各个历史阶段，是对东南亚华人身份问题领域进行研究的主要学者之一。从这个角度来看，王赓武的华人研究文献具有本位上的标本材料的性质，因此本书以王赓武的这些研究文献为主要分析对象，同时与其他学者的研究相对照，来探讨东南亚华人的身份问题领域。综合学术界一些研究文献可以看出，该问题研究领域主要关注的是以下三个问题：东南亚华人身份问题是如何产生的？东南亚华人身份有哪些争议？为什么会发生这些争议？这三个问题分别分布在华人身份问题领域的产生部分、构成部分和解释部分。

一、东南亚华人身份问题的产生和提出

关于华人身份问题的出现，根据王赓武的观点，在1950年以前，华人从未有过身份认同这一概念，而只有华人属性的概念，这些属性包括民族认同和历史认同两个方面。自20世纪50年代起，以弗里德曼（Maurice Freedman）和斯金纳（G. William Skinner）的研究为肇始，学术界开始出现关于华人身份问题的研究文献，这些身份问题包括50年代和60年代的国家（当地）

认同（national identity）、乡社认同（community identity）和文化认同（cultural identity），以及70年代的种族认同（ethnic identity）和阶级认同（class identity）。80年代以后，东南亚华人倾向于多重认同（multiple identities）。针对这一新现象，王赓武提出“规范”（normative identity）的观点来分析华人认同的多重变项，这些规范是华人自我意识的理想标准与在他者的环境中所必须接受的标准，具体包括自然、政治、经济、文化四个范畴的规范。这些范畴的设立，是为了通过考察华人对规范作出的反应并予以认同的各种变化，来探讨华人身份问题。① 认同的这种多重、多元选择性，其核心是民族国家的形成及族群定位；而多重认同理论则是基于在新的国民身份下的族群关系调和与经济定位。关于认同的文化分割理论，是对全球化作出的一种回应。②

东南亚华人身份问题的出现，其直接的政治后果是华人面临的政治认同难题与居住国的同化政策。王赓武描述了东南亚华人面临的这种历史难题：原本固着于土地的中国人，到海外寻找生存资源，在东南亚流寓、侨居、定居的历史已有2 000多年；华人现在面临的挑战之一，是如何在一个具有多元文化的国家里，在世界层面上寻求一种可选择的新的独立或者自足（autonomy）身份来实现归化或者同化。华人的这种同化体现在三个主题上：一是东、西方文明的融合，二是族群身份的不确定性与离散意识，三是保持族群文化与同化的紧张关系。这三个主题构成了一个可以追述东南亚华人历史流动性的广阔视角。③

东南亚华人应如何应对自身身份面临的这种同化压力？王赓武认为，东南亚华人或者海外华人面临一个重大问题领域，即今天的海外华人认同哪段历史为自身的历史，以及能否抛弃既有历史重新谱写自身的历史。海外华人保持自己的未来和历史相联系的路径有四种可供选择的观点：一是复述被广泛认可、接受的史实，确认自身既有的、已知的族群历史，尽可能地回溯这段历史；二是海外华人与拥有不同文化和历史背景的居住国国民一起重新诠释、塑造出一种新的历史；三是在全球化过程中，海外华人跨越各自国界认

---

① ［新加坡］王赓武：《东南亚华人的身份认同之研究》，选自王赓武：《王赓武自选集》，上海：上海教育出版社2002年版，第238～266页。

② ［新加坡］王赓武：《再论海外华人的身份认同》，选自刘宏、黄坚立主编：《海外华人研究的大视野与新方向》，美国八方文化企业公司2002年版，第97～118页。

③ Gungwu Wang, *The Chinese Overseas: From Earthbound China to the Quest for Autonomy*, Cambridge, MA: Harvard University Press, 2002.

同一种全人类所共同拥有的历史；四是在现代教育与科技条件可能的选择下，海外华人以更具包容性的方法编写各自的历史。而后两种是在更具包容性的现代社会里超越种族和国家角色来寻求历史根源的路径。①

从上述对王赓武的文献分析可以得出以下结论：东南亚华人身份问题的产生是一个过程；身份这个属性是由一系列认同过程来完成的；华人身份的时间起点是在20世纪50年代；身份问题的内核包括文化认同、政治认同、多重认同；身份问题的政治后果是同化、多元化政策；华人自身需要既能从历史出发，又能书写、创造出一种新的历史，这样才能解决身份认同这个历史难题。东南亚华人的身份问题自产生以来，在不同的发生领域继续深化，引起了学术界广泛的关注和深入的探讨。

二、东南亚华人身份问题的构成和发生领域

关于华人身份问题，华人学者主要关注三个方面：一是华人身份指称的变化，即从华侨、华人、华裔、华族到新华人的变化；二是华人身份的几个发生领域，即从文化领域的适应现象、政治领域的认同现象、经济领域的华人资本的种族性现象到种族领域的族群关系现象；三是华人身份的特性变化，即从实质意义上的华商、华工身份到非本质层面上的可商议性、离散性、空洞性特征的变化。华人身份问题的这几个方面，构成了华人问题领域的主干部分。

（一）指称的变化

王赓武认为，“华侨”一词历史简短，是在特殊的历史条件下产生的。华侨概念出现于19世纪90年代，1911年后普遍使用，“二战”后东南亚地区不再使用，使用范围缩小为限指中国大陆和台湾地区的公民。1950年后中国使用华侨概念时，与华人概念相对照使用。华侨，指在海外的中国公民；华人，指祖籍在中国的外国公民。在东南亚地区，“华侨”一词已被普遍地抛弃不用，东南亚地区的当地华人称自己为“华人”、“华裔”（中国人的后代），或

① ［新加坡］王赓武：《从历史中寻求未来的海外华人》，《华侨华人历史研究》1999年第4期。

者称作中国血统的泰国人、菲律宾人、印度尼西亚人和马来西亚人。[①]“华族”一词，自20世纪70年代以来，在东南亚一些地区已被普遍使用，指华人种族或者华人少数族裔[②]，是“华侨”一词逐渐淡出东南亚地区历史舞台后的替代品之一。

王赓武通过考察自1800年以来的近代移民历史，认为华人移民史可以分为在时间上有一定交错的四种形态：在19世纪50年代以前仅有的华商形态、在19世纪下半叶到20世纪20年代起过渡性作用的华工形态、1900年以后出现到20世纪50年代以前占统治地位的华侨形态和20世纪50年代以后一直延伸着的、代表一种新形态的华裔形态。其中，所谓华裔，是指具有中国血统的外国人，主要是指各种华人的后裔，代表了一种新型的华人社会和文化。[③]华人与东南亚之间存在一种特殊的历史关系，通过与东南亚史相比较，王赓武认为，东南亚华人史又可以作如下区分：19世纪以前为唐人时代，即闽粤人、唐人流寓的时代；19世纪为华人时代（包括华民、华工与华商的时代），即西方帝国主义在东南亚早期扩张的时代；1903—1955年为华侨时代，即东南亚被帝国主义全面控制的时代；1955年以后为新华人时代，即东南亚各国独立自主的时代。[④]关于新华人，王赓武认为，作为一类移民，新华人地位的上升既体现在新华人自身的结构性因素方面，也体现在新华人公民形态的完善性方面。[⑤]

东南亚华人指称的变化过程，不但是一种表层形态的符号转换过程，也构成了一种深层形态的词与物的对应关系；不但构成了一部华人移民史，同时也是世界史、东南亚史的一个构成部分。华人指称，既是华人身份问题的指标性成分之一，也是华人研究学界长期关注的一个研究对象。

---

① ［新加坡］王赓武：《“华侨”一词起源诠释》，选自王赓武著，姚楠译：《东南亚与华人》，北京：中国友谊出版公司1986年版，第120～131页。

② ［新加坡］王赓武：《中国历史著作中的东南亚华侨》，选自王赓武著，姚楠译：《东南亚与华人》，北京：中国友谊出版公司1986年版，第226～247页。

③ ［新加坡］王赓武：《中国移民形态的若干历史分析》，选自王赓武：《王赓武自选集》，上海：上海教育出版社2002年版，第188～205页。

④ ［新加坡］王赓武：《华人、华侨与东南亚史》，选自王赓武：《王赓武自选集》，上海：上海教育出版社2002年版，第231～237页。

⑤ ［新加坡］王赓武：《移民地位的提升：既不是华侨，也不是华人》，《华侨华人历史研究》1995年第3期。

（二）发生领域的变化

华人身份问题不只体现在华人指称符号的转换上，也体现在华人身份的各个发生领域中。在论及东南亚华人身份认同时，王赓武建立了四个范畴的规范来测量认同的程度，再通过这种认同程度来确定华人身份这个属性。这四个测量认同的范畴构成了对应的四个华人身份的发生领域。自然范畴，即族群领域；政治范畴，即政治领域；经济范畴，即经济领域；文化范畴，即文化领域。

（1）族群领域。在东南亚地区，自华侨概念产生空洞化现象，并逐渐淡出学术界视野以后，“华侨”演化为“华人”，于是产生了“华人少数民族”或者“华人少数族裔”，即华族、华裔概念。与此同时，种族层面上的族群关系也就产生了。王赓武认为，在族群关系上，华族通过血统、生活方式来保持认同；在华族社会内部，华人又根据出生地、方言来划分为不同的次集团。另外，教育背景、商业社团、政治派别、同化程度、宗教信仰等方面的差异也是华人社会内部出现次集团多样化的原因。华人少数民族问题的实质是华人和当地族群之间的经济差距，而文化和种族的不同又扩大了这种经济上的差别；与此相比，种族、宗教、文化的差异退居其次。① 华人少数民族问题的外部原因是中国与东南亚的关系问题。② 曾少聪用“分群结构法”把华人族群根据方言、出生地分为祖籍社群和方言社群；在族群关系上，则采用民族认同与人种认同相结合的观点来进行分析。③

（2）政治领域。华人身份在政治领域中的体现，是关于政治认同的问题。华人政治，核心是种族社会政治或者如何处理这种种族政治问题。东南亚国家独立以后，采取了各种形式的强迫同化政策，使华人实现了去中国化，建立了华人的“东南亚倾向”，这种“东南亚化”和“本土化”运动产生了严重的种族政治层面上的华人问题。随着民主进程在东南亚地区的发展，东南亚国家自 20 世纪 70 年代以来开始逐渐抛弃同化政策，实行更具包容性、开放性的多元化政策，于是华人政治开始从一种种族层面上的空白政治转向一

① ［新加坡］王赓武：《东南亚的华人少数民族》，选自王赓武著，姚楠译：《东南亚与华人》，北京：中国友谊出版公司 1986 年版，第 193 ~ 210 页。

② ［新加坡］王赓武：《中国与东南亚：华人少数民族的问题》，选自王赓武著，姚楠译：《东南亚与华人》，北京：中国友谊出版公司 1986 年版，第 211 ~ 225 页。

③ 曾少聪：《漂泊与根植：当代东南亚华人族群关系研究》，北京：中国社会科学出版社 2004 年版。

种现代文明社会层面上的民主政治。关于华人社会内部政治方面，王赓武分析了马来西亚华人社会的政治，按华人与中国政治的联系度或者华人与居住国政治的联系度把华人分为三个政治集团：与中国保持直接或间接联系的甲集团；关注贸易、社会团体和间接政治的乙集团；与当地社会保持同一化行动的丙集团。王赓武认为，华人政治的未来取决于东南亚环境中华人政治的性质，取决于华人各个政治集团能否拥有共同的政治思想，也取决于他们能否在居住国共同创造一个具有开放性的政治体制。① 曹云华认为，东南亚华人是否能够维护自身的经济权益，而且有能力在任何情况下都把这一权益置于优先地位，以及华人是否达到了马克斯·韦伯所制定的这个政治标准，是衡量东南亚华人是否具备一种政治成熟性的标尺。②

（3）经济领域。华人身份在经济领域体现为：华人被称为华工、华商；资本被种族化以后，变成了具有种族性的资本，被称为华人资本。华人资本在东南亚地区有悠久的历史根基，其以海外华商网络的形式生存，经历了19世纪中叶以前占主导地位的时期③，与西人主导的贸易体系相结合的时期④，以及东南亚地区各国独立以后逐渐形成的世界华商网络时期⑤。王赓武认为，东南亚华人资本对东南亚各国与中国的发展具有双赢的性质，体现在其不但是所在国的可贵资产，也借助于区域性甚至是世界性贸易网络对本地区乃至世界经济均具有一定的增益作用。⑥ 华人资本的去种族化的理性回归、虚拟化功能的想象、规划的辩证化实现也构成了华人研究的一个课题。⑦

（4）文化领域。“华人”的“华”，是一种种族符号、文化符号，是一种含有传统历史价值和生活方式的意义体系，也是华人身份问题领域在基本层面上的最重要现象之一。曹云华认为，东南亚华人置身于一种异质文化环境中，容易发生文化接触，产生文化适应现象。由于东南亚地区是东、西方文化的接触带，所以适应结果呈现了本土化、新生化、混合化、西方化的特点。

---

① ［新加坡］王赓武：《马来亚华人的政治》，选自王赓武著，姚楠译：《东南亚与华人》，北京：中国友谊出版公司1986年版，第155～192页。

② 曹云华：《东南亚华人的政治参与》，北京：中国华侨出版社2004年版。

③ ［新加坡］王赓武著，姚楠译：《南海贸易与南洋华人》，香港：中华书局1988年版。

④ 庄国土：《华侨华人与中国的关系》，广州：广东高等教育出版社2001年版。

⑤ 余彬：《对世界华商网络的阶段考察》，《东南亚纵横》2006年第5期。

⑥ ［新加坡］王赓武：《东南亚华人与中国发展》，选自王赓武：《王赓武自选集》，上海：上海教育出版社2002年版，第267～290页。

⑦ 吴前进：《国家关系中的华侨华人和华族》，北京：新华出版社2003年版，第301～315页。

文化适应是一个双向动态过程，其按照程度可以划分为容忍与接受（包括语言、生活方式、族群关系三个方面的初级阶段）、认同与融合（包括政治认同、族际通婚、宗教信仰三个方面的高级阶段）。最终，文化适应成为一种扬弃过程，并产生东南亚华人新文化模式。①

（三）特性的变化

华人身份问题领域，从华人指称符号的表层变化，到实质意义上的发生领域的具体化，再到非本质层面的特性的变化，构成了一个不断滑动的过程。这一滑动的深层基础是华人史的变化过程。关于华人身份特性的变化，学术界争议性较大的话题有华人的可商议性身份、离散化族裔身份以及华侨身份旧有概念的空洞化现象。

（1）可商议性身份。迈克尔·雅各布森（Michael Jacobsen）详细考证了学术界关于华人的可商议性身份的争议性观点。东南亚华人的可商议性身份，是指构成华人身份的各个成分，可以与居住国的非华人族群进行商议，形成具有独特性、地方性而不是跨国性的族裔身份。一般认为常规的移民社群具有由移民、居住国、祖籍国三个部分组成的三角结构，而可商议性身份的观点导致三角结构论的解释失效，因此“祖国”变得多余。雅各布森对这一观点持批判态度，认为“落地生根的四海为家者”的概念可以兼顾华人移民地方性和跨国性两个方面，更具解释功能。同时，雅各布森谨慎地剖析了关于华人身份的一些争议性观点：东南亚华人遭受到各种排外（othering）运动是由于华人资本扩张被认为是政治性的种族化资本的不合理流动，这种流动受制于华人血缘关系、语系归属和哲学信仰；身份的产生与经济和社会势力的产生有关，在这种情况下，种族身份成为一种可商议的社会资本，这种社会资本可以通过跨国性、地区性的华商网络生产、扩散。雅各布森评析了舒瓦尔（J. Shuval）的观点，认为移民社群是一种含有虚拟的想象和真实的建构两种成分的社会结构，这种社会结构可以保持一种共同身份，具有抵抗同化、边缘化的工具性功能。② 他也评析了洪宜安（Ien Ang）的观点，认为移民社群和网络造成了身份的悬而未决、保护性分裂和认同，从而产生归属性身份

① 曹云华：《变异与保持：东南亚华人的文化适应》，北京：中国华侨出版社2001年版。

② Shuval, J., “Diaspora Migrations: Definitional Ambiguities and A Theoretical Paradigm”, *International Migration*, 2000, Volume 38, Issue 5.

和获得性身份。归属性身份由于运用了差异化的政治策略最终成了一种象征性资本和商业工具，获得性身份则由于推行同化和多元政策而成了一种政治和社会工具，由此可见，身份产生于差异，取决于对种族特性与文化适用性进行的政治选择。① 他还评析了秦艾伦（Allen Chun）的观点，认为东南亚华人作为公民日益认同于居住国的倾向是一种在政治上脱离文化中心的行为，说明华人日益接受本土化的价值观，也说明华人身份地位的传统范围、界限以及境况都发生了变化。② 在进行了上述审慎分析的基础上，雅各布森最后认为，华人身份的不确定性、可设定性、可商议性与可改变性具有地方化、跨国化两个层面的适应性，使其能够满足日益复杂化、多样化和相互关联度紧密化的世界所提出的条件。③

（2）离散化族裔身份。王赓武一直比较谨慎地使用离散概念来描述华人，因为华人的情感取向集中于一个始终真实存在的政治和文化中心上，与犹太人情感中的仅仅存在于想象中的一个“历史上的祖国”有很大区别。华人在东南亚的历史是一个没有边界的全球化进程，华人是经济活动、贸易的散居者。从1980年代中叶起，中国经济体向海外华人开放，产生了新一轮的华侨综合征，这个症状首先与作为经济活动、贸易散居者的海外华人相联系，这种现象引起了一些潜在修正主义者的关注。对于海外研究者开始接受并使用“离散的华人社群”这样的概念，王赓武认为，单一的“华人散居者”这个概念，已经不能涵盖华人的多样性事实了。对一个条件变化了的名称，确定其含义范围，需要谨慎和开放的思维。但有一点可以确认，即没有单一的华人散居者，而有许多不同类型的华人散居者。④ 可见，“离散”概念的演化经历了语言系、人种系、时空经验的转换，该概念用于指代华人身份时，更多的是一种状态描述，脱离了该概念的原始心理或者情感指向。

（3）空洞化的华侨概念。由于20世纪50年代以后，中国出现了华侨的历史断层现象，东南亚地区很少再使用“华侨”这个名称，这直接导致了华

① Ang, Ien. *On Not Speaking Chinese*, *Living between Asia and the West*, London: Routledge, 2001, pp. 11 – 12.

② Chun, Allen. Who Wants to Be Diasporic? *Working Paper Series No.* 50, Southeast Asia Research Centre, City University of Hong Kong, 2003, pp. 8 – 9.

③ ［丹麦］迈克尔·雅各布森著，薛学了译：《论东南亚华人的可商议身份及其国际联系》，《厦门大学学报》（哲学社会科学版）2006年第5期。

④ ［新加坡］王赓武：《单一的华人散居者?》，《华侨华人历史研究》1999年第3期。

侨概念的空洞化。中国经济体系开放以后，华人开始在全球层面上流动，新华人概念被生产出来。国外学术界开始把全球化中的新华人移民社区称为离散社区，新华人也被称为离散族裔。从实质意义上的华商、华工转化到非本质意义上的可商议性的华族、空洞性的华侨、离散性的新华人的语言论述，是一种原有概念的空洞化现象。这种概念体系的空洞产生以后，学术界不断推出新的概念来修正，以更新失效的旧有体系。这种空洞化、修正化的现象呈现一种循环上升状态，以追逐华人现象的演化进程，这个过程也符合概念体系演化所经常遵循的一般路径。

三、东南亚华人身份领域的解释

自华人身份问题产生以后，学术界针对华人身份指称变化、发生领域的各种身份事件与华人身份特性的争议性的解释形成了华人身份问题领域的解释部分，也包括对华人个体经历的描述性说明与总体性的宏观叙事。其中有两条清晰的关系线索贯穿于这些解释之中，一是移民与主权的关系；二是移民与全球化的关系。

（一）主权化与去主权化

移民的主权化过程，是指主权国家对移民的权力管理，具体体现在对移入民与移出民的管理政策上。主权国家的这种管理移民的权力，可以控制国家人口的比例、设置种族的主体性、保持文化的连续性，以及进行资源的种族和社会配置。主权国家对身份问题的意识形态政策工具理论是同化论、多元论或者其他政策工具理论的创新。东南亚华人的主权化过程，同时也是其身份起点，即20世纪50年代主权国家在东南亚地区独立以后的时期。李安山认为，华人的认定有两条主要标准，一是客体认同，二是主观认同。① 客体认同在政治上的体现是同化、多元政策，这是一个华人身份的主权化过程。骆莉论述了泰勒（Charles Taylor）、葛尔兹（Clifford Geertz）的论点：东南亚华人在由自然集合体的初级性认同向民族共同体的公民性认同的转化过程中产生了以下问题：主观认同与客体承认；“承认的政治”与对话的公共交往领

① 李安山：《华侨华人学的学科定位与研究对象》，《华侨华人历史研究》2004年第1期。

域；族群协商机制与社会调和机制。[①] 客体承认上升为承认的政治，从政治层面的同化政策又转化为社会层面的族群协商和社会调和机制，这个过程是东南亚华人的一个主权化过程；而移民的去主权化过程是指移民具有流动性、跨国性、网络化、去领土性、去主权性的特征。因此，移民不但生产一种全球史和普遍人类史，也生产一种全球空间关系。

廖赤阳、刘宏考证分析了关于这种主权化与去主权化过程的华人研究：关于主权化的研究，是华人研究的大范式，指主权国家建立、发展与逐渐式微的历史阶段，国家与民族构成了历史建构的基本单元，这些基本单元之和构成世界史框架。华人研究是在国史框架下的学科建构，按照研究对象划分，以特定国家为圆心而构成多层次同心圆，圆心内是华侨（制度范畴），圆周是华人（文化范畴），圆周外部是华裔（自然范畴）；按照横向空间分布划分，华人研究以国别为基干，统合为某一区域华人史，以至于世界华人通史，向下衍生细分为专题研究；按照纵向的时序结构划分，华人史的国家史观分期将20世纪40年代后期至50年代作为分水岭，分为华侨时代、华人时代。但是，从主权化和去主权化的过程或者从国家与网络的历史关系来看，华人史又可以分为四个时期：亚洲传统贸易时期、东方体系与西人体系时期、国家建立与经济种族主义时期、华人国际化与全球化时期，这四个时期构成了一个历史的圆弧。关于去主权化研究，廖赤阳、刘宏认为，20世纪华人研究问题意识的焦点集中于华人经济与身份认同两个方面。华人研究的这两个焦点问题，历史性地表现为地域网络与国家认同之间的对话，本书认为，这实质上也是去主权化与主权化的对话。历史上的华人经济活动表现为地域、网络、跨国等基本特征，对以陆域为中心的垂直统治秩序是一种潜在的挑战。本书认为，这是华人网络去主权化的一种形式。认同，实质上是一个主权化的问题，随着民族国家形成及依照西方国际体系原理的外交交涉过程而成为华人身份问题。[②]

（二）全球化

关于移民与全球化的关系，王赓武进行了详尽的分析：移民研究不只是

---

① 骆莉：《二战后东南亚民族国家共同体中的华人身份认同》，《东南亚研究》2001年第4期。

② ［日］廖赤阳、［英］刘宏：《网络、国家与亚洲地域秩序——华人研究之批判性反思》，《华侨华人历史研究》2008年第1期。

一种历史性研究，移民也产生一种全球空间关系；人类一般把地域作为确定其认同归属的对象，地理在人类流动过程中具有重要性；传统的移民研究在总体上被置于地方史、国别史、地区史的框架之下，被置于国际性历史甚至相互依存的世界历史的框架之下，这是一种地理空间中的政治。相比较而言，世界的全球化关注的是一种拓展了的空间，而这种全球史关注的不是传统世界史关注的各种政治实体的事件，而是探察更小群体之间细小关系的视界。现代交通、通信和教育可以提供条件使人类在个体意义上实现多次定居和迁徙，并使这种移居产生合法性和成为惯例，也使移民群体自主性和个体的权利获得一种事实上与法理上的承认。全球性移民产生了一种关于地理空间的更抽象的认识，其重点由领土和历史的空间变为公共空间与私人空间之间的细微差别及相互关系，在这一点上，移民的流动趋势和格局有助于界定全球历史。全球化的技术手段催生了一种新移民，其流动跨越所有边界而产生的非正式联系改变了移民的全球性质。王赓武又分析了在这种全球化进程中东南亚华人网络的历史作用：历史上东南亚地区人员流动活跃，东南亚侨居的华人以高度特殊化的家族体制和宗族性的村落构成了华人社会小群体的自主性特点，这种历史上形成的空间纽带对与世界上其他地方的华人后裔进行贸易具有价值，贸易把各个世界中心和边缘连接起来，商品、宗教、移民在这个平台上流动起来。移民及其社群具有自由保持远距离的非正式联系的能力，这是全球化给移民提供的物质条件支持，使得移民群体和个体也获得了一种全球性身份。①

可见，关于全球化与移民的关系，最重要的一点是全球化为移民研究提供了一个视界，在这个视界内，不再仅仅是政治实体进入传统的世界历史范畴，而是自由流动的更加细小的群体和个体也进入全球历史范畴，并且成为全球史的一个组成部分。移民在书写历史的过程中，经过了一个地方化、地区化、全球化的过程。由于全球化给移民提供了观念体系、可供选择的私人空间、自由流动的权利以及可供支持的现代物质条件，移民也因此获得了一种新的合法性权利，即全球性身份。

通过对上述文献的分析可以看出，东南亚华人身份自从形成以后，身份维度不断增加，身份发生领域不断扩展，自然、文化、经济、制度四个身份

① ［新加坡］王赓武：《移民及其敌人》，选自王赓武：《王赓武自选集》，上海：上海教育出版社 2002 年版，第 159 ~ 187 页。

范畴的内部不断深化，各个领域的认同目标与认同策略也在不断变化，形成了一个完全形态的身份认同过程。学术界通过对这个身份过程进行严谨观察和深入阐释，也形成了一个规模很大的东南亚华人身份问题领域。在这个身份问题领域中，还有许多需要进一步探讨的问题正在出现或者等待挖掘。其中，在王赓武考察东南亚华人身份的过程中就产生了一些问题：现代国家及其防御性结构是移民的敌人吗？移民及其“敌人”在一种新的全球化历史形态中具有什么样的互动关系？可见，东南亚华人身份问题领域是一个开放性课题。

第三节　东南亚华人身份政治概念的提出

在前一节，笔者综述了王赓武提出的东南亚华人身份问题，并把身份问题领域划分为四个发生领域。既然身份问题领域包含四个发生领域，同时身份又是一个历时性现象，在不同阶段具有不同的历时性对应物，那么王赓武所提出的东南亚华人身份是一种什么性质的身份问题？为什么王赓武认为在20世纪50年代以前华人不存在身份问题？20世纪50年代东南亚国家发生了什么政治事件，以至于产生了华人身份问题？这个“身份”问题在不同的华人史阶段是不是同一个问题？

一、身份政治概念的提出

20世纪50年代，东南亚国家实施“去殖民化”的国家独立和主权构造运动，正是这种主权构造运动导致了东南亚华人身份问题的产生。在东南亚国家独立建国与主权建构时期，华人面临一个重大的政治事件，即选择主权身份。这种身份构造的政治事件包含一种身份政治的逻辑，主权构成了东南亚华人身份问题产生的核心变量，因此，本书把王赓武所提出的华人身份问题称为华人的身份政治问题，这个身份政治概念是本书的核心概念。由此可以推论出本书的基本假定：东南亚华人身份政治的核心变量是主权，身份政治包含的基本关系是主权和移民二者之间的关系及其互动。

二、身份社会和身份政治的阶段划分

身份具有时态阶段性和不同的发生领域。根据主权产生的时态变化，本书推论出在东南亚国家主权构造之前有一个相对应的东南亚华人自然身份社会阶段，在这个阶段，其内容是自然文化身份和自然经济身份；在东南亚国家主权构造之后有一个相对应的东南亚华人身份政治阶段，在这个阶段，其内容是种族身份政治阶段、主权身份政治阶段、公民权身份政治阶段和新全球主义身份社会阶段。根据主权和移民二者之间关系的演变，本书把东南亚华人身份政治划分为以下时态阶段：自然身份社会阶段、主权身份政治阶段、种族身份政治阶段、公民权身份政治阶段和新全球主义身份社会阶段。在这种划分中，自然身份社会阶段也被视为身份政治的一个阶段，这是由于存在一个主权和移民之间互动关系的视角，这个视角提供了一个前主权的移民身份社会阶段的存在形式。

三、身份政治与认同政治

身份政治是一种静态考察，其考察维度是主权维度，身份政治的核心变量是主权，基本关系是主权和移民之间的关系，是主权权力对移民实施的一种权力构造运动。在身份政治中会出现两种情况：其一，主权权力把移民作为客体来进行身份构造运动，在这种情况下，主权权力实施的移民政策有同化政策、多元政策或者其他政策。其二，移民也可以要求作为主体建构主权，要求主权权力来构造自身的身份政治，在这种情况下，移民采取的工具系统是契约工具，在建构主权的过程中是作为主权的立约方。主权权力在构造移民身份政治的过程中，又以契约作为工具争取宪政公民权。可见，在身份政治中，主权和移民之间的关系是一种互动关系，主权虽然是身份政治的核心变量，但是，移民在与主权权力的互动中，既可以作为被动客体出现，也可以作为主动主体出现。

认同政治是一种动态考察，其考察维度是移民维度，认同政治的核心变量是移民，认同政治是认同身份的政治，是一种移民建构身份的政治构造的认识、行动、事实、状态和过程。在认同政治中，移民作为核心变量会出现两种情况：其一，当处于一种自然社会进程之中，即在没有主权权力的规制性限制的条件下，移民产生的认同是主动认同或者自觉认同，在这种主动认同中，移民是主动的主体；其二，当处于主权权力的强制同化政策压力之下时，移民产生的认同是被动认同或者强制认同，移民是被动的客体。可见，在移民的认同政治中，主权作为一个环境变量，对移民的认同政治起着干扰作用，这种干扰作用导致两种移民认同模式的出现：其一是主动认同或者自觉认同，其二是被动认同或者强制认同。

通过上述分析可以得出一个推论，身份政治与认同政治具有内在的同一性关系，即身份政治和认同政治二者的基本关系都是主权和移民之间的关系。在这种关系中，主权既作为核心变量，也作为环境变量出现；相应地，移民既作为被动客体，也作为主动主体出现。

本节探讨王赓武提出的东南亚华人身份问题中的“身份”是一种什么性质的“身份”，即“这种身份的实质是什么”这一问题。经过分析可以得出，王赓武提出的这个“身份”的实质是一种身份政治，其核心变量是主权，其基本关系是主权和移民之间的互动关系，由此提出了本书的基本概念之一——“身份政治”。在对身份政治概念进行探讨的基础上，本书根据身份政治的时态阶段变化，把东南亚华人身份政治划分为以下阶段：自然身份社会阶段、主权身份政治阶段、种族身份政治阶段、公民权身份政治阶段和新全球主义身份社会阶段。本节最后把身份政治概念与文献中经常出现的认同政治概念进行了比较和探讨，得出这样的结论：首先，二者的区别在于身份政治是主权维度的静态模型，认同政治是移民维度的动态模型；其次，二者的联系在于身份政治与认同政治有同一性的基本关系，即主权和移民二者之间的关系。

第四节　契约性身份政治概念的提出

移民从被动客体转向主动主体的过程，需要一种工具系统来实现，而契约论可以作为实现移民从被动客体向主动主体的转型的理论和实践工具。移民运用契约工具来主动实现自身的身份构造，这与被动地接受主权权力的身份构造是完全不同的。那么，契约论为什么能够作为移民实现自身身份构造的工具？契约作为移民实现自身身份构造工具的依据是什么？移民如何运用契约这个工具来实现从被动客体向主动主体这个重大的历史性转型？在与主权权力的互动中，移民的契约工具在哪几个方面可以作用于主权权力？

一、契约性身份政治

本书需要对身份政治与契约性身份政治这两个概念的区别和联系作一下探讨。一方面，二者是不同的两个概念。首先，考察的维度不同：在身份政治中，考察维度是主权维度；在契约性身份政治中，考察维度是移民维度。其次，在这两个概念中，主权的作用不同：在身份政治中，主权是核心变量；在契约性身份政治中，主权是环境变量。最后，在这两个概念中，移民的地位不同：在身份政治中，移民是作为被动的客体出现的；在契约性身份政治中，移民成为主动的主体。另一方面，这两个概念之间又具有内在的联系。首先，身份政治和契约性身份政治都包含主权和移民之间的基本关系。其次，这两个概念在主权维度上出现了主权模型从核心变量向环境变量转型的现象。最后，在移民维度上，这两个概念出现了移民模型从被动客体向主动主体转型的现象。

本书还需要对梅因的著名命题作一下探讨。亨利·詹姆斯·萨姆那·梅因（H. J. S. Maine）在《古代法》一书中的著名命题是："因此，如果我们依照最优秀著者的用法，把'身份'这个名词仅仅用来表示这一些人格状态，并避免把这个词适用于作为合意的直接或间接结果的那种状态，则我们可以说，所有进步社会的运动，到此处为止，是一个'从身份到契约'的运动。"这个梅因命题中出现了两个重要概念："身份"与"契约"。可以看出，梅因命题中的"身份"概念的含义如下：①身份是一种政治建构，是一种等级政治构造活动，与身份相对应的是某种特权；②身份是一种人格状态，这种人格状态是一种被某种权力规定的被动客体；③身份是一种身份主体缺乏同意的状态，这种同意缺失包括任何直接或间接的合意状态。而梅因命题中的"契约"概念的含义如下：①契约的立约方各方是平等的主体，没有特权等级存在；②契约是一种契约各方主动的人格状态，是一种积极主动的主体状态；③契约是一种"合意"状态，契约的任何一个立约方都具有一种直接或间接的"合意"状态。

通过上述分析可以看出，梅因命题的“身份”和“契约”概念是一种假想状态的概念，其起到一种理论预设作用，以说明“进步”的概念。因此，梅因是在一种狭义上，即在一种纯粹的理论意义上提出和设定“身份”和“契约”概念的。虽然梅因命题对本书的基本假定具有直接的启发作用，但是此处笔者仍需对梅因命题中的这两个概念作出修正，以满足本书的研究需要。本书是在一种广义上，即在一种宽泛的意义上来设置和使用这两个概念的，并对“身份”概念作了以下修正：其一，在使用“身份”这个概念时，是指一种“身份政治”概念中的“身份”概念，其实质是一种身份的主权构造；其二，拓展了身份的发生领域和时态阶段，即这种身份政治在多个领域发生并具有不同时态的对应物；其三，探讨了“身份”概念和“契约”概念二者之间的区别和内在联系，在服务于移民身份构造这个基础上，把二者结合起来形成一个新的概念——“契约性身份政治”。本书对“契约”概念也作了以下修正：其一，本书设定和使用的“契约”概念仅仅是一种移民的理论工具、方法论工具和实践工具；其二，“契约”工具可以使移民实现从被动客体向主动主体这一自身身份构造的转型；其三，“契约性身份政治”这个概念仅仅适用于本书设定和使用的移民政治研究这个领域，特别是移民的身份政治研究这个领域。

二、契约性身份政治的构造形式及其阶段划分

本书提出并设置身份政治这个概念，目的之一是解释主权构造东南亚华人身份现象这个问题领域，目的之二是预测东南亚国家主权权力对华人实施身份构造的未来模式。本书又进一步设定“契约性身份政治”这个概念，一方面是为了进一步分析主权和移民之间的关系问题，特别是移民在与主权权力互动的过程中如何运用契约论这个工具系统实施自身身份构造；另一方面是为了进一步预测移民运用契约论工具来实施自身身份构造的未来模式。

主权和移民之间的关系在身份政治这个问题领域中体现为身份政治概念中的基本关系。如上文所述，“身份”、“身份政治”和“契约性身份政治”三个核心概念具有时态阶段性的形式变化，因此，主权和移民之间的关系也具有时态变化形式，这种关系变化的时态形式形成了一个身份政治的基本关系丛。为了与身份政治的阶段类型相对应，本书把契约性身份政治也划分为

相同步的几个阶段：契约性自然身份社会阶段、契约性种族身份政治阶段、契约性主权身份政治阶段、契约性公民权身份政治阶段和契约性新全球主义身份社会阶段。在这几个契约性身份政治阶段中，移民运用契约论工具来主动实施自身身份构造的政治运动；而在不同的时态阶段中，其手段和内容都有不同的历时性对应物。

因此，笔者在此对身份政治与契约性身份政治在不同时态阶段中实施身份构造的手段和内容的对应物及其形式作一分析：

首先，在身份政治中，分析维度是主权维度，主权是核心变量，移民是被动客体，主权和移民之间的互动关系具有不同阶段的时态模式：①前主权的自然身份社会阶段。在这个阶段，权力的内容对应物是存在一种前主权的权力形式，如封建王权、准主权的殖民统治权；而移民身份的内容对应物是一种社会身份，移民从事经济活动，参加一部分社会活动，基本不参与政治活动。所以，笔者把前主权的这个阶段称为自然身份社会阶段。②种族身份政治阶段。在这个阶段，主权的内容对应物是主权权力及其对移民实行的种族主义政策，如文化上的同化政策、多元种族主义政策，经济上的“土著主义”或者“本地化”政策，政治上的限制性政策，族群关系上的政治待遇不平等政策以及其他种族政策工具的创新；而移民身份政治的内容对应物是主权实施身份构造的被动客体，移民在文化、经济、政治和族群这几个身份发生领域都处于受限制的地位，认同政治是一种强制认同。③主权身份政治阶段。在这个阶段，主权的内容对应物是主权成分的构造，包括独立、民族、领土、人口、政府五个元素；而移民身份的内容对应物是：移民是主权成分的构造者之一，移民参与主权独立，形成新的民族共同体，设定领土版图，组成国家人口的一个部分，以及通过制度性建设来组成政府。这个主权身份政治阶段是移民重新构造身份的一个历史转型期，即出现了王赓武所提出的东南亚华人身份问题。④公民权身份政治阶段。在这个阶段，主权的内容对应物是：传统的三个硬件要素即领土、人口和政府，以及现代主权的软件要素即现代宪法政治、民主体制、国家形式、再分配权力；而移民的内容对应物是：争取以宪法为标准的“去种族化”的公民权政治运动，这个阶段的完成标志着移民身份政治历程在主权构造过程的最终完成。⑤新全球主义身份社会阶段。在这个阶段，主权的内容对应物是：主权受到全球化各要素流动性要求的解构，传统主权范式处于转型之中，但是，主权仍然是国际社会的一种基本行为体权力，对移民的主权管理表现在对移民政策的制定上；而移民身份政治的内容对应物是：移民建构一种跨国社会的全球性要求和全球性权力。

其次，在契约性身份政治中，分析维度是移民主体维度，移民是主动主体，主权是环境变量，移民和主权之间的互动关系具有不同阶段的时态模式：①契约性自然身份社会阶段。在这个阶段，契约性移民身份的内容对应物是一种社会契约，这种社会契约处于自然经济活动和一部分自然社会活动领域之内，基本不包括权力范畴的政治契约，移民产生的认同属于自然社会认同；而契约性权力的内容对应物是：移民与权力中心的契约关系处于一种弱相关状态，权力处于意义最弱的一种政治状态，基本不对移民身份进行权力构造活动。所以，笔者把前主权阶段称为契约性自然身份社会阶段。②契约性种族身份政治阶段。在这个阶段，契约性移民身份政治的内容对应物是：移民是身份构造的被动客体，移民没有运用自身身份构造契约工具的能力，移民种族身份属性在文化、经济、政治和族群这几个身份领域分别发生，移民产生的认同是一种强制认同；而契约性主权的内容对应物是：主权是一种具有干扰性的强环境变量，对移民实施身份构造活动，包括同化与多元化的种族主义文化政策、“本地化”的种族主义经济政策、限制移民参政权的种族主义政治政策，以及不平等的种族主义族群政策。③契约性主权身份政治阶段。在这个阶段，移民契约性身份政治的内容对应物是：移民作为主动的主体，通过契约工具的方式与其他族群参与构建主权的几个方面：建立独立主权，构造一个新的民族共同体，形成一个新的国家的三个组成部分——领土、人口和政府，其中契约各方是移民所在社会的各个族群或者个体，他们拥有平等的地位；而契约性主权的内容对应物是：主权是被构造者，是移民和其他族群通过契约构建的一种政治契约产物。④契约性公民权身份政治阶段。在这个阶段，移民契约性身份政治的内容对应物是：移民作为主动主体，把契约作为构建身份的工具，以平等的政治身份参与建立现代国家的宪政体制，并且在宪政体制下实施争取公民权身份的政治活动。其中，契约的一方是主权权力行使者，契约的另一方是在各个领域处于不平等地位的移民群体。虽然在契约理论上现代国家所有公民都是主权权力的平等拥有者，但是其实质远非如此简单的理想状态；而契约性主权的内容对应物是：主权作为一种具有现代公民政治属性的权力构造，逐步被在政治上受过一定训练的现代移民所掌控，其运用契约论工具来实施移民自身的身份构造运动，即产生了一种契约性的公民权身份政治。⑤契约性新全球主义身份社会阶段。在这个阶段，契约性身份社会的内容对应物是：移民从传统的被动客体身份转换为主动主体身份，这是由于移民是全球化的基本流动性要素之一，具有一种全球性权力的要求，并且开始超越国家边界，在国际层面上建构一种跨国社会。这种以全球流动性要素为核心变量而构造的跨国社会，与以主权国家为基本行为体的传统国际社会平行发展，相互作用，形成了本书提出的基本关系——主权和移民之间的关系。在这种基本关系中，移民通过契约论工具与主权国家形成了一种契约关系。而契约性主权的内容对应物是：主权权力由身份构造的核心变量转换为干扰性的环境变量。一方面，主权修正权力形式，选择性地吸引移民这个代表新型生产力的流动性要素；另一方面，主权设置政策限制来抵制移民的这种去主权化的身份构造运动，以实现主权对组成部分之一的人口种族主导性和国家传统属性稳定性的要求。

本节对契约性身份政治这个概念进行探讨，把契约论借用过来用以分析东南亚华人身份政治，目的是考察在不同的时态阶段中除了主权维度之外的另一个与之平行的移民主体维度。在移民主体维度中，移民不是主权维度中那种身份构造的被动客体，而是一种身份构造的主动主体。为了实现这种从主权维度到移民主体维度，以及从移民的被动客体地位到主动主体地位的身份构造的转型，本书借助于一种理论工具、方法论工具和可行性的实践工具——契约论，来分析移民身份政治的这种内在视角的转换。本书在对契约性身份政治进行探讨的基础上，进一步将其划分成了五个时态阶段，即契约性自然身份社会、契约性种族身份政治、契约性主权身份政治、契约性公民权身份政治以及契约性新全球主义身份社会。

第五节　案例：独立前西马华人身份政治演变分析

本节选择马来西亚华人身份政治作为案例，基于以下三点原因：①从历史维度看，华人在马来西亚的活动具有完整的历史形态，中国的古代文献记载和近期的考古学成果都能揭示这一历史过程。②从主权维度看，王赓武提出的华人身份问题的产生和出现的时期，与马来西亚独立建国时期相一致，华人身份政治的出现与马来西亚主权建造时期也相一致。③从移民主体维度来看，马来西亚华人直接或间接地以“同意”的方式运用契约论工具实施自身身份构造有明显和典型的特征。

朱自存的《独立前西马华人政治演变》记载了西马华人在马来西亚独立前这段非常典型的身份构造时期的身份政治活动，在这段时期，华人同时具有一种身份构造的被动客体地位和主动主体地位的复合形式特点。本节关于这个经验性案例的材料来自朱自存的这篇文献。需要说明的是，如果一些原始文献可以被验证，为了保持资料的可参考性，本节直接引用原始文献，并作出注释。

朱自存认为，自华人从中国南来，把马来亚作为华人在南海的众多贸易据点之一开始，从行商、侨居、成为马来亚公民直到马来亚国家独立为止，可分为四个时期：①从 17 世纪到辛亥革命前；②辛亥革命到中国抗战；③马来亚从沦陷到光复；④从争取公民权利到参与建国。[①] 根据朱自存划分的历史分期，在对独立前马来亚华人具有政治活动身份的历史事件作一个阶段分析的基础上，本节总结了独立前马来亚华人政治身份演变四个阶段的特点：其一是马来亚华人作为华商的早期阶段，这是一种自然身份社会。早期华人先民在马来亚仅参与商业活动，很少参与当地社会活动，也不参与当地政治。其二是马来亚华侨参与中国政治阶段，这也是一种华人身份政治的塑造。这个时期的华侨参与中国的改革运动（维新与革命），是一种祖国政治。其三是确立马来亚华人身份的抗日阶段。日据马来亚期间，在华人从以侨民身份支持中国抗日战争到以马来亚华人身份抗日卫马的过程中，马来亚华人确定了自己的政治身份。其四是马来亚华人确立公民权身份和主权身份阶段。“二战”后英国殖民统治者管理马来亚政治事务，为马来亚拟定新政治体制，华人为争取公民权利展开政治活动，直到马来亚联邦独立为止。在此期间，华人政党参与了马来西亚建国工作。

---

① ［马来西亚］朱自存：《独立前西马华人政治演变》，选自林水檺、何启良、何国忠、赖观福编：《马来西亚华人史新编（第二册）》，马来西亚中华大会堂总会，1998 年，第 3 ~4 页。

一、从 17 世纪到辛亥革命前阶段：华人的自然身份社会及其早期政治活动

根据华人身份政治的内容，这个阶段至少又可以分为以下两个阶段：

第一阶段是早期华商阶段。这个阶段华人是纯粹的华商身份，其活动只限于当地经济领域和社会领域，这是一种契约性自然身份社会阶段。关于华人与东南亚关系的始点，据中国历史记载可远溯及汉代。关于早期华人出海贸易，宋朝朱彧《萍洲可谈》载："北人过海外，是岁不归者，谓之住蕃"，有些人因"住蕃虽十年不归"而成为第一代华侨。此外，华人没有参与东南亚当地的政治活动。如果说华人在马来亚具有政治活动身份的话，那是在 17 世纪郑成功抗清失败后，这些政治逃亡人士最先把祖国政治带到马来亚。自清代起，在马来亚华侨社会里，"反清复明"的口号便是一个长时期组织华侨社会的力量来源，由此产生了地下活动的机构：秘密会社。很多秘密会社的领袖获得殖民者授予的"甲必丹"封号。

第二阶段是近代西人殖民时期。东方海外华商网络与西人的世界贸易网络结合，共同主导东方贸易。在第二次鸦片战争以后，西方与中国清政府签订条约，中国开始正式对外输出劳工，因此，这个阶段是华商与华工并存的阶段。这个阶段出现了早期的华人政治活动，但是这种早期政治活动的特点是为了生活目标的经济斗争，因此，本书不把这种早期政治活动视为一种身份政治活动。

根据朱自存提供的资料，在西人的殖民统治下，以经济斗争为内容的华人早期政治活动主要包括以下三个政治事件：

（1）华人参与反对荷兰人侵略斗争和英国殖民者统治马来亚导致"甲必丹"的废除——华商和华工身份。在荷兰人攻占马六甲时，华人与当地人一起参与保卫领土的斗争。英国人 1786 年取得槟榔屿，1817 年取得新加坡，1824 年从荷兰人处接管马六甲。在英国建立海峡殖民地以后，大量中国移民以"猪仔"或"苦力"的形式从中国南方来到马来亚。英国人于 1874 年迫使吡叻苏丹签署《邦咯条约》（*Pangkor Treaty*），接受英国派出名为参政司（Resident）的官员驻扎吡叻州。其后英国在雪兰莪（1874）、彭亨（1888）、森美兰（1895）取得派驻参政司的权力，并在 1896 年把这四个州合并为马来联邦。英国人从荷兰人处两次取得马六甲之后（1795—1801 年及 1807—1818

年），仍旧沿用“甲必丹”制度。马六甲于1824年成为英国殖民地之后，“甲必丹”制度被废除。英国另一个海峡殖民地新加坡，也于1826年废除“甲必丹”制度，其后以英国人的名衔“太平局绅”（Justice of Peace）封赠华人领袖。

（2）星、槟华侨总罢工——经济斗争。自19世纪50年代始英国人对华侨加强统治。1856年，英国海峡殖民地颁布了《警察法令》（*Police Act*）和《管理法令》（*Conservancy Act*）并先后于1857年、1872年引发罢市、罢工运动。1876年，英殖民政府决定设立华人邮政分局（Chinese Sub - Post Office），管制“信汇兑”业与印花税，此举于当年12月15日引发华人与殖民当局冲突、罢工事件。华人的这种反抗活动起因于生活受迫。1877年6月1日，英国颁布《华人移民法令》（*Chinese Immigrants Ordinance*），在新加坡设立华民护卫司署（Chinese Protectorate），委任了华民护卫司（Protector of Chinese），首任华民护卫司为毕麒麟（W. Pickering）。华民护卫司上任后，整顿了劳工经纪人和“猪仔馆”，颁布《诱拐法令》（*Crimping Ordinance*），其附文增加了保护雇工的条文。在毕麒麟10年的任期内，有70万华人劳工从新加坡输入，转到马来亚各地工作。

（3）社团法令管制华社——社会身份。1867年英国海峡殖民地划归英国殖民部直接管理。1869年《危险社团法令》（*Dangerous Societies Ordinance*）得以制定和颁布，在1870年和1872年增加了附加条文，并设立了社团注册官（Registrar of Societies）。1889年，秘密会社遭到全面禁止，被宣布为非法和危险社团，秘密会社不再为华人社会所公开接受。1890年，华民护卫司署分别在新加坡和槟榔屿设立华人参事局（Chinese Advisory Board），局员由知名华侨充任并受总督委任，华民护卫司充任主席。在联邦方面，华人社会名人或者领袖被委任为州或邦议会的华人代表。华人作为参事局或州议会的代表，只带有咨询性质，不能提供行政意见且无执行权力，不具有在民主制度下的议会里的政治身份与政治作用。[1]

通过上述分析可以得出两个推论：第一，在近代西人殖民统治东南亚之前，即在由海外华商网络主导的古代东方贸易体系中，早期华人以纯粹的华商身份出现。在这个时期，华人在东南亚当地基本没有引发政治事件，华人

① ［马来西亚］朱自存：《独立前西马华人政治演变》，选自林水檺、何启良、何国忠、赖观福编：《马来西亚华人史新编（第二册）》，马来西亚中华大会堂总会，1998年，第6~11页。

活动仅限于经济贸易领域，很少参加当地社会生活。在这种早期华商阶段里，华商与东南亚当地社会、东南亚王国的统治者之间分别存在着一种自然社会契约，即一个自然形成的东南亚共同市场。在这个意义上，古代海外华商网络主导的东南亚市场是一个自然契约体系。因此，本书把早期东南亚华人的身份政治称为自然身份社会和契约性自然身份社会阶段。第二，在西人殖民统治东南亚期间，由华商主导的东方贸易体系从属于由西人主导的世界贸易体系，又由于1860年《北京条约》的签订，华人开始合法地输出到西人殖民地及西方国家，所以这个时期东南亚华人的身份在华人历史上第一次发生分化，即出现了契约华工。可见，这个时期是华商与华工并存的时期。契约华工的出现导致一种经济斗争，这种为了生活而反抗西人殖民者压迫的经济斗争，构成了早期华人的政治活动的特征。由此可以看出，华工与殖民者之间的契约，并不是真正平等的立约方双方“同意”的结果。从这个意义上说，华人反抗西人经济压迫的早期政治活动，是一种寻求立约者平等地位的政治活动。由于这种早期政治活动没有政治要求，因此，本书不把它视为一种身份构造的政治活动。

二、辛亥革命到中国抗战阶段：华侨参与祖国政治

这个阶段华侨参与祖国政治也是一种身份政治，这种身份政治指向的中心是中国。根据朱自存提供的资料，本书把这个阶段划分为以下三个政治事件：

（1）维新运动和辛亥革命时期，清政府、保皇派和革命党一起争夺华侨支持。这个时期，马来亚华侨参与祖国政治，华侨的政治活动以中国的政治为中心。1860年的《北京条约》规定，中国允许华人出国出卖劳力。1877年清政府在新加坡设立领事馆。19世纪末，康有为领导的维新变法运动和孙中山领导的革命运动几乎同时开始，分别推行保皇派和革命派这两条不同的救国路线，且保皇派和革命派都努力争取华侨支持。1911年，孙中山领导的辛亥革命取得成功。

（2）华侨参与祖国政治。新、马华侨一方面在海外声援和资助祖国的政治活动，另一方面也直接参与政治活动。如1907年黄冈（潮州）起义和七女湖（惠州）起义；1911年初广州起义，由黄兴组织的“先锋队”约有500名

新、马华侨；1911 年 10 月 10 日武昌起义；1911 年 11 月的两个星期内，仅吡叻州的华侨矿工就有约 2 000 人回国参加革命。在经济方面，新、马华侨支持革命武装起义的捐款数目不易统计，据估计，支持黄花岗起义约捐款 4.7 万元，支持武昌起义约捐款 87 万元。1928 年“济南惨案”发生后，新、马华侨发动了抗日救国活动，到 1929 年 1 月底，新加坡华侨已经捐款 134 万元。1932 年 1 月 28 日，日军进攻上海，新加坡华侨捐款多达 100 万元并汇返中国。1937 年新、马两地共筹得赈款 1 024 万元（中国国币数字）。槟城、雪兰莪和马六甲的话剧社则通过演出筹款，演出话剧如《放下你的鞭子》在各地广受欢迎。吡叻筹赈会最先办理机器工人及车辆驾驶员登记（后来组成滇缅公路机工服务队）。

（3）日本矿场华人罢工。1938 年 3 月，丁加奴州龙运的日本铁矿场工人（绝大部分为华侨，约 2 600 人）发动罢工。在柔佛州的峇株巴辖和丁加奴州的甘马挽随后也发生华侨矿工罢工离职事件。日本侵略马来亚的企图显露之后，新、马华人的政治活动由倾向于祖国而转向本地化。①

通过上述案例可以得出两个推论：第一，东南亚华侨参与祖国政治也是一种身份政治，这是一种指向于一个政治中心、文化中心、历史中心——中国的身份构造运动，即“效忠”模式的华侨身份。第二，这种身份的存在印证了王赓武所提的观点，即在 20 世纪 50 年代之前，华人根本不存在身份问题，只有华人属性问题。但是，在东南亚国家独立前后，这种华侨身份面临一种历史性选择，即面临一个身份转移的历史课题。这个历史课题表现为一种华人指称符号的流动，即从华侨向华人的转变。

三、马来亚从沦陷到光复阶段：确立身份阶段

这个阶段是华人身份的转换时期。根据朱自存提供的资料，这一时期华人经历了一系列的政治事件：

（1）马来亚共产党的活动。马来亚共产党（简称“马共”）成立于 1930 年 4 月，参加马共的主要为华族人士。1926 年印尼共产分子联合马来人，进行一项与印尼联合的政治策划，以建立“大马来”（Melayu Raya）或“大印尼”（Indonesia

① ［马来西亚］朱自存：《独立前西马华人政治演变》，选自林水檺、何启良、何国忠、赖观福编：《马来西亚华人史新编（第二册）》，马来西亚中华大会堂总会，1998 年，第 13～19 页。

Raya）。这使马来亚共产思想的传播带有了种族背景，而种族歧见和政治路线的不同也是共产主义在马来亚失败的一个主要原因。马来亚共产分子在20世纪30年代的政治活动主要表现在发动工潮方面：①1934年4月至5月，全马第一次总罢工。②1935年至1936年，历时9个月，工潮引至马来亚半岛各地。③1938年和1939年工潮。最后英国殖民政府在1940年颁布了《职工会法令》，同意工人组织工会，并将工会置于法律的管辖之下。

（2）保卫马来亚的抗日活动。1941年日本对马来亚进行武力侵占，华侨从参与中国抗日活动转向参与保护马来亚的作战行动。马来亚共产分子领导的游击战持续了三年零八个月。这项政治、军事行动是华侨在本地大规模参与纯本土性质的政治活动的开始。1942年2月17日，日军统帅山下奉文下令“严厉惩罚敌对华侨”。1946年6月东京审判日本战犯法庭上英军上校韦尔德（H.D.Wild）的供词称日军屠杀华人总数约15万人（包括新、马各地）。抗日军最早的政治思想和战斗行动依据是1943年2月马共在雪兰莪召开的七届三中执委会会议，会议结果包括通过抗日“九大纲领”和确定抗日军的军旗（在这之前抗日军常用印有斧头镰刀的共产党红旗）、军礼、军歌等。“九大纲领”是：①将日本法西斯驱逐出马来亚，建立马来亚民主共和国。②建立各民族普选的国家机构保卫祖国，实现民主权利，改善民生，振兴工农商业，建设各民族友爱、自由、幸福的新马来亚。③开放人民言论、组织、信仰的绝对自由，取消旧制度奴役人民的法令，释放政治犯及抗日俘虏。④改善民生，救济失业难民，普遍加饷（军饷）加薪，取消苛捐杂税、高利贷。⑤将人民抗日军改为正规国防军，保卫国土，优待抗日士兵，抚恤阵亡将士家属，救济残废伤兵。⑥以各民族语言实行普遍免费教育，发展民族文化。⑦没收德、意、日法西斯及其走狗的财产，归为国有，发还被日军没收的（本国）人民及各友邦人民的财产。⑧实行关税自主，与各友邦签订友好条约与建立商务关系，承认各友邦贸易自由。⑨联合苏联、中国，拥护远东被压迫民族的独立，赞助日本人民反法西斯的斗争。

（3）马共斗争路线改变。1945年8月27日马共发出的“八大主张”和之前的“九大纲领”在概念上有了很大的改变。“八大主张”是：①拥护中、苏、美、英民主国家联盟，拥护新国际和平组织——联合国；②实行民主制度，建立全马各民族、各抗日党派普选的民意机关；③废除日本统治时的一切机构及法令、法律；④实现言论、出版、组织、集会、信仰的绝对自由；

⑤振兴工商业，改善民生，加饷加薪，救济失业者和难民，实行八小时工作制；⑥实行民主教育，废除旧教育，用各民族语言发展民族文化；⑦平抑物价，审判贪官污吏和投机黑市分子；⑧优待抗日士兵，救济死亡将士家属。

（4）英国人防止抗日军夺取政权。联军总部方面于 1945 年 8 月 11 日通电报予在马来亚的联络人员，指出联军武装部队需经一段时日始能抵马，在此（权力）真空时间，必须防止“抗日联盟军队”（Anti-Japanese Union and Force）与日本军发生冲突，避免前者夺取政权。一项统计数字显示，在 1945 年 8 月 15 日至 31 日期间，马来亚九个州（不包括由新加坡日军管辖的柔佛）的抗日军向日军进行了 42 次攻击，对警察署进行了 66 次攻击。由于警察几乎是马来人和印度人（锡克人），抗日军与警察进行战斗，间接影响了华人与马来人及印度人的民族感情。

（5）种族冲突的政治影响。1945 年 5 月中旬，柔佛的峇株巴辖县区发生了种族冲突事件，这一事件不仅使马来人和华人之间产生了敌意，并且长期影响了两族在政治上的真诚合作。中国外交部于 1946 年 2 月 7 日致文英国驻南京大使馆，指出接获一报告，称 1945 年 5 月至 8 月间柔佛多次发生“马来人在日军煽动下屠杀华侨，死难者 4 000 多人，2 万人逃难他处，财产遭受重大损失”的事件。[①]

从上述分析可以得出以下推论：第一，在这个阶段，华人第一次参与到东南亚本土政治的构造过程之中，即东南亚华人第一次开始从祖国政治转向本土政治。第二，东南亚华人参与本土政治构造的过程，也是确立自身身份的构造过程，同时是一个身份转移的过程，即从华侨身份转向华人身份的过程。第三，在这个过程中，发生了身份冲突事件，即华人与当地族群、西人族群、日本人族群的冲突事件，这导致了东南亚国家独立以后“华人问题”的产生。第四，这个阶段是东南亚华人身份的过渡时期，东南亚华人开始有了一种历史性的身份意识，这种身份意识进一步演化成东南亚国家独立时期的主权身份政治意识和东南亚国家成立以后的公民权身份意识。第五，在这个阶段，东南亚华人开始运用契约工具来实现自身的政治构造和身份构造，从马共的“九大纲领”和“八大主张”中即可看出这一点。因此，这个阶段也是东南亚华人契约性身份政治的开始阶段。

---

① ［马来西亚］朱自存：《独立前西马华人政治演变》，选自林水檺、何启良、何国忠、赖观福编：《马来西亚华人史新编（第二册）》，马来西亚中华大会堂总会，1998 年，第 20～37 页。

四、从争取公民权利到参与建国阶段：公民权政治和主权身份政治

“二战”以后是东南亚国家实行“去殖民化”以及独立建国的时期。在这个东南亚国家进行现代主权国家政治构造的历史阶段，东南亚华人参与了各国独立建国的过程。根据朱自存提供的资料，在这个过程中，发生了一系列身份构造的政治事件：

（1）拟定马来亚联邦（Malayan Union）新政治制度与白皮书。1945 年 9 月 15日，英军在新加坡宣布建立军政府（British Military Administration）并恢复殖民统治。1945 年 10 月，英国派麦克迈都尔（H.MacMichael）到马来亚，推行英国 1943 年成立的马来亚策划组（Malayan Planning Unit）所拟定的马来亚联邦新政治制度。麦克迈都尔的任务是与各州苏丹商定并签订有关新政制的白皮书，白皮书的内容主要是：除新加坡成为英国直辖殖民地外，槟榔屿、马六甲、马来联邦及马来属邦组成马来亚联邦，由英国派出总督来统治。各州苏丹有处理有关伊斯兰教徒事务的权力，所有在马来亚（包括新加坡）出生或居住了一定期限的人，均可获得公民权。新加坡不包括在马来亚联邦内的主要原因是新加坡在经济和港口贸易方面的重要性，也包括华人人口比重的问题。当时新加坡和马来亚的人口构成大致是这样的：根据马来亚 1947 年的人口调查（“二战”后首次人口调查）：新加坡总人口是 940 824 人，华人人口是 730 133 人，华人比率为 77. 6%；马来亚总人口为 4 908 086 人，华人人口为 1 884 534 人，华人比率为 38. 4%。如果新加坡与马来亚合并，华人人数接近非华人人数，若除去印度及一些其他族人士，1946 年时，华人已成为人口最多的民族。英国要将新加坡划出马来亚联邦之外，目的是阻止华人成为联邦的主要民族。1946 年 1 月初，英国公布了相关白皮书。

（2）联合行动争取权利与蓝皮书。1946 年 12 月 14 日，联合行动委员会（Council of Joint Action）在新加坡诞生，并于 12 月 22 日改名为“泛马联合行动委员会”（AMCJA）。英国当局于 12 月 23 日便公布了有关马来亚政治制度的蓝皮书，主要内容有：马来亚联邦改为马来亚联合邦（Federation of Malaya）；英国派出最高专员取代总督的地位（统治联合邦）；恢复马来苏丹（在其州）的政治地位；确定马来人的特殊地位。只有两类人可以申请公民权：第一类是各

州苏丹子民，或在槟榔屿、马六甲出生的英籍民，其父亲也在当地出生或在当地连续住满15年；或任何人出生时，其父亲已是马来亚联邦公民（此条适合公民后代）。华侨不符合第一类人的条件，他们在这之前不是苏丹子民或英籍民。因此，华侨或外来人士只能在第二类人的规定条件下申请成为公民，申请条件是：①在马来亚联合邦出生，申请前15年中，最少住满10年；②任何人（不在联合邦出生）在申请前20年中，最少住满15年；③品行良好；④有足够的马来文或英文知识；⑤宣誓永久住在联合邦，并以联合邦为效忠对象。新政制建议书中对公民权的解释指出，公民权并非“国籍”（Nationality），也不能发展为国籍。它不会影响槟、甲两地英籍民或苏丹子民（第一类人）的地位。它只是附加在国籍之上，而不是删除原有的国籍，它可以作为拥有选举权，充任议会（Councils）成员，受雇于政府并为其服务的资格，但不能获授其他权利及负担责任。[①] 新政制中建议设行政议会（Executive Council）和立法议会（Legislative Council）两个议会以辅助钦差大臣（High Commisioner），后者除了3名英籍官员为当然议员外，另有11名官方议员。在34名非官方议员中，11名为各州苏丹及槟、甲两殖民地代表，其余23名分别由各族人士选出：9名马来人、6名华人、3名欧人、2名印度人、1名混种人及2名其他人士。在上述安排下，立法议会的48名议员中代表非英籍人员、非马来人的席位不及1/4。蓝皮书公布之后，柔佛中华公会于1947年1月3日召开会员大会时通过了一项议案“否议蓝皮书”。1月26日，泛马联合行动委员会在吉隆坡举行群众大会，强烈反对蓝皮书，并坚持其斗争纲领的三项原则：①新加坡包括在统一的马来亚之内；②通过普选产生议会；③凡定居及效忠马来亚的人均享有平等的公民权。

（3）华人社会提出备忘录。综合华人社会所提出的备忘录，大致有下列四点[②]：①新加坡不应与马来亚联合邦分开，尤其是在贸易、商业上，分则两受其害。②放宽公民权资格限制。凡在马来亚联合邦出生者，不论父母是否为公民，均应享有公民权。槟城方面（总商会及海峡英籍华人公会与平章会馆）认为不应规定英籍民（英籍华人）须居住若干年限才能申请成为公民，必须自动成为公民，否则损害了其固有权利。所有备忘录都认为：外来移民

---

① K. J. Ratnam, *Communalism and the Political Process in Malaya*, Kuala Lumpur: University of Malaya Press, 1967, p. 77.

② ［新加坡］崔贵强：《新马华人国家认同的转向》，厦门：厦门大学出版社1989年版，第161页。

只须居住5年以上，即可申请成为公民，豁免语言考试。华人一旦成为公民，即可与马来人享有同等权利，承担共同义务。③反对立法议会对非马来人议席的不公平分配。华人占联合邦人口的40%，却只有6名代表，较之18名马来人代表，瞠乎其后。立法议会的代表权，应与人口成正比；而代表的分配，应以地区为根据，每州或每个殖民地应至少有1名华人代表。④新宪制建议书不民主与不公平。马来亚联合邦成立几个月后，英殖民政府确认马共扬弃了循宪制途径争取达至政治目标而改用武装斗争（群众斗争）路线之后，宣布进入紧急状态。随后于1948年7月15日实施紧急法令，宣布马来亚共产党及一些左翼组织为非法。自紧急法令实施至1950年8月的两年多时间内，据说有35 000名以上华人被驱逐出境。

（4）组成马华公会协助移殖华人。1949年2月27日成立的马华公会，宗旨是协助被迫迁居到新村的华人重建家园。它的前期活动是筹资帮助进入新村的人建立住房、安置家属和开辟耕地。1950年2月26日开始，马华公会发行一种彩票（首奖40万，为当时华人社会中奖金最高的彩票），以筹款作为新村福利用途。马华彩票维持三年多，一共开了十八期，到1953年3月结束。政府以马华公会是一个政治组织为由，吊销其发行彩票的执照。当时，新村的建立已经大致完成，殖民政府已不再需要马华公会向民筹款（主要对象是华人）来救助主要是华人的新村人民了。

（5）种族合作路线定型。吉隆坡市议会选举于1952年2月16日举行，马华公会采取“种族合作”的路线，与温和的民族主义者、巫统的东姑阿都拉曼合作，组成“华巫联盟”竞选。在这次选举中，“联盟”获得了12席中的9席（马华公会占6席），独立党获得2席，另1席由独立人选获得。华巫联盟的合作成功，奠定了以后一段时期的“种族合作”政治路线，也压制了“非种族”政治运动的发展，直至目前的政治模式。在1955年7月27日举行联合邦立法议会选举之前，马来亚印度国大党（Malayan India Congress）于2月14日加入联盟，使它成为联合邦三个主要民族的代表。6月4日，联盟提出竞选纲领，声明维护马来人特权，尊重非马来人（其他人民）的合法利益，并主张马来亚联合邦尽快取得独立。7月27日投票结果显示，联盟大胜，取得52席中的51席。联盟在选举中大胜之后，由东姑阿都拉曼组织新政府，出任首席部长及内政部长，9名内阁成员中马华议员占3名。新政府提出：三年内实现自治；取消英国最高专员的否决权；四年内实现独立。英国终于同意马来亚联合邦于 1957 年独立。1951 年 7 月，联合邦议会委任了一个“公民权审查委员会”对 1948 年公民权条例加以检讨，并于 1952 年 3 月提出一份报告书。有关报告书经立法议会于 5 月开会三读通过，成为《1952 年马来亚联合邦公民权修正法令》并于同年 9 月 15 日生效。新法令规定：①马来州邦之州籍民，及马六甲和槟城出生之英籍民，可自动成为联合邦公民；②外地出生之移民，住满 10 年（过去规定为 15 年）即可申请归化为公民；③在法令实施后 5 年内申请为公民者，在语言考试方面可获优待，考试办法亦将改善。到 1953 年 6 月 30 日，联合邦内各族公民人数是 4 139 000 人，其中华人 1 157 000 人，这一数字显示出马来亚华人人口约半数已成为公民。自《1952 年马来亚联合邦公民权修正法令》生效以后，马华公会鼓励及推动协助申请公民权的工作，华人公民数目的增加，部分是马华公会努力的结果。

（6）争取以出生地为公民依据。争取公民权的运动于 1954 年下半年开始。1955 年 8 月 28 日，吡叻中华大会堂及中华总商会召开的全吡华人社团代表大会决定：①草拟一项备忘录呈给各州苏丹的议会（州议会）、联盟新政府（于 1955 年 7 月的选举中组成）、钦差大臣与英国殖民部大臣；②通函全马各地中华大会堂或华人最高团体，吁请一致支援；③以大会名义将该备忘录呈交给行将来马的宪制调查团。这项备忘录还提出四点建议：①采纳以出生地为依据之公民权利原则；②所有外地出生之华人，在本邦持续居留超过 5 年，可申请归化为公民；③豁免语言考试；④公民权改革应在马来亚获得独立之前付诸实行。华人社会争取公民权运动进行了一个时期后，逐渐发展为争取华人权益。

（7）华团争取公民权运动。华人社团代表大会于 1956 年 4 月 27 日在吉隆坡精武体育馆举行，出席者有全马 454 个社团、1 000 余名代表（其中雪兰莪 320 人、吡叻 222 人）。大会通过了一项宣言，指出华人要与其他种族合力建国，和睦共处，共存共荣；同情巫族人士经济落后现象，并希望政府予以扶助，但纠正不平衡现象不能违背宪法平等精神。华人要世代在马来亚生存，因此必须循出生地主义国籍法，授予华人公民权，享有同等权利及承担义务。华人的口号是“独立第一，团结第一”。公民权的合理解决，是实现完全独立与真诚团结的主要条件。大会通过四项提案：①凡在马来亚出生之男女，均为当然公民；②外地来马居住满 5 年者，可申请为公民，豁免语言考试；③凡属马来亚公民，权利与义务一律平等；④列华、巫、印语言为官方语言。

1956年6月初，李特调查团来马搜集各族人士所提供的书面和口头意见，以便拟定一项宪制建议，为马来亚独立后采用。报告书于1957年2月21日正式公布，其中涉及华人所关心的公民权、官方语言、马来人特权等，并作出下列建议：①公民权方面：独立以前及以后在本地出生者，自然成为公民。但独立前出生者，必须经过申请，并在申请前7年中有5年住在联合邦，略懂马来语。申请人在独立后1年内申请，才可豁免语文考试。在外地出生的联合邦居民，须在申请前12年中有8年住在联合邦，且略懂马来语；只有45岁以上的人在独立后1年内申请，才可豁免语言考试。②官方语言方面：建议定巫文为官方语言；英文在10年内继续为官方语言，满10年后由国会决定其地位。华语与印语的官方语言地位不获接受。宪制调查团认为："过去此事并不重要，我们认为（华语、印语成为官方语言）可能引起重大的不便。"③马来人特权方面：调查团建议继续延长15年，至1972年应由国会检讨是否延续。这与华团代表大会认为的"公民的权利与义务一律平等"原则相反。在马来人特权延长至1972年期间，发生了"五一三"种族暴乱（1969年5月13日），国会终止运作至1971年2月20日。国会民主恢复之后，随即通过修正宪法，规定不得讨论涉及马来统治者的权力及地位、公民权、马来人特权、伊斯兰教作为官方宗教、马来语作为国语的地位等问题。由华人社会的非政治组织发动的争取权益运动终于结束。

（8）申请公民权运动。全马华人注册社团大会派代表团于1957年5月5日赴英争取公民权，无果而归。马华公会于同年11月10日召开联合邦华人社团代表大会，商讨推动申请公民权事宜，出席社团单位约700个（比1956年争取公民权时的454个单位多）。会议组织"推动申请公民权总机构"，成员包括马华中央公民权小组委员（5人）、十一州马华代表及十一州华团代表共27人。华人申请公民权运动显然生效。1957年的人口调查报告数据显示，申请公民权获准者1 003 831人，其中约80%为华人，计803 064人。连在这之前获得公民权的华人，合计此时约有200万华人成为公民，占1957年华人人口2 232 936人的大多数。而1953年6月30日统计出的4 139 000名公民中，华人只占1 157 000名。马华中央工作委员会的政治路线是："国家第一，政党第二，华人利益第三。"在"国家第一"的方针下，马华公会在联盟内与巫统意见一致。1957年8月31日，马来亚脱离了英国171年的殖民统治，宣布独立。[1]

通过对朱自存提供的丰富史料的分析，本节可以得出如下三个结论：第一，17 世纪到“二战”以后的一段时期是东南亚华人身份构造的历史性转型期，也是欧洲版本的国家主权被移殖到东南亚国家的时期，这说明了华人史是东南亚史和世界史的一个构成部分。之所以如此说，是因为这种历史中包含着一种基本关系，即主权和移民之间的关系，这种基本关系正是本书研究的中心命题。在看待这段历史的时候，笔者不是去重构或者制造历史，而是去解释历史，并带着一种严格的学术批判态度。第二，这段时期是王赓武所提出的东南亚华人产生身份问题的时期，通过对本节案例的分析，笔者验证了王赓武的这一观点。这个时期的马来亚华人身份政治过程，首先是中国辛亥革命和抗日时期的祖国政治阶段，其次是马来亚沦陷时期华人通过第一次参与东南亚本土政治来确立自身身份的阶段，再次是马来亚“去殖民化”的独立时期华人争取公民权的身份政治阶段，最后是马来亚建国时期华人参与主权构建的身份政治阶段。第三，这个时期东南亚华人的身份政治也印证了本书提出的“契约性身份政治”的概念，这个契约性身份政治过程包括在协议马来亚联邦成立时期关于白皮书的政治运动、制定马来亚政制蓝皮书的政治运动、成立华人政党“马华公会”与实行“新村”建设的政治运动、种族合作路线和《1952 年马来亚联合邦公民权修正法令》的推行、华人争取种族平等的公民权利和公民权益的“备忘录”运动、华人争取以出生地为依据的公民权“备忘录”运动、华人政党马华公会和华人民间团体“华团”在公民权身份问题上采取不同政治路线的政治运动、马华公会和“华团”联合争取申请公民权的政治运动。这些华人实行自身身份构造的政治运动都是以契约的一个立约方形式进行的，因此，笔者也将这个阶段称为契约性身份政治阶段。

① ［马来西亚］朱自存：《独立前西马华人政治演变》，选自林水檺、何启良、何国忠、赖观福编：《马来西亚华人史新编（第二册）》，马来西亚中华大会堂总会，1998 年，第 37～62 页。

第二章　东南亚华人种族身份政治

第一节　种族身份政治概述

种族身份政治，是指在同化政策之下的身份构造政治运动，其实质是一种种族主义政治，是主权权力对移民实行的各种种族主义政策。这些种族主义政策体现在各个发生领域，包括前文所述的文化领域的同化和多元主义政策、政治领域的代表权和公民权待遇、经济领域的限制性配额制和族群问题上的歧视性政策。主权权力通过这种种族主义政治实施有利于主导民族的本地人优先特权的社会、政治、经济和文化资源的再分配，从而置少数族裔或者移民族裔于一种不平等地位。这种种族主义政治由欧美现代国家主权所发明，通过欧美殖民者传播至东南亚国家，并为东南亚国家主权独立以后所继承和借用，从而构造了“华人问题”的结构因素和华人身份政治的主要成分。

根据安德森的考证，近代殖民帝国时期，殖民统治者针对海外异民族殖民地的效忠传统使用同化策略。最典型的例证是英国殖民官僚马考莱（Macaulay）在印度的英国化政策。同化政策后来被输入非欧洲地区，被一些未被直接征服、直接殖民的少数区域的统治阶级模仿。这方面的例子，如日本明治维新对内的“官方民族主义”、对殖民地的日本化政策，以及暹罗拉玛六世的排华民族主义等。① 这种种族身份政治与日益进化的人类价值观不符合，因为欧美国家种族政治的推行构成了其本身社会和政治发展的伦理与现实困境。这种种族政治腐蚀了这些国家提倡的某些现代价值观，促使其公民社会无法进一步正常发育，也使其塑造欧美特色的国家传统和国家性格遇到了难以克服的障碍，更使这些欧美国家面临失去近代以来形成的人类道德高地的危险。

---

① 吴叡人：《认同的重量：〈想象的共同体〉导读》，选自［美］本尼迪克特·安德森著，吴叡人：《想象的共同体：民族主义的起源与散布》，上海：上海人民出版社 2005 年版，第 10 页。

而这种高地的失去，意味着欧美中心论时代的结束。欧美知识界一些学者意识到这种情况的后果，开始进行意识形态和政策工具的创新。因此，欧美国家种族政策的修正已是必然趋势。北美国家首先进行了修正，于20世纪70年代逐渐放弃同化政策，提出用新的多元种族主义政策进行替代模式的实验。这些欧美国家的种族政治仍然有所保留，把国内实行的种族政治转移到对移民的选择性政策的制定和实施上。

东南亚国家是西方殖民地，政治体制具有传统的继承关系，因此20世纪70年代以后也开始学习多元种族主义政治。但是其局限性很大，其社会机制和政治机制缺乏动力，仅仅局限于学习外部形式的模式，因为这些国家的公民社会发育不够，还有很大的进步空间，种族政治依然是这些社会结构的核心部分。例如，马来西亚实行了20年的“新经济政策”。笔者认为，东南亚国家只有把政治结构的核心部分从种族政治转化为公民政治，这种转型才符合现代主权和现代国家的政治模式。在东南亚国家从种族政治转向公民政治的转型过程中，契约是主权和移民两个立约方的基本工具，依据这种契约工具，公民政治的进步意义才得以体现。因此，本书在提出“身份政治”概念的基础上，进一步提出了“契约性身份政治”这个概念，用以说明这种从种族政治转向公民政治，从种族身份转向公民身份，从身份政治转向契约性身份政治的历史性选择和历史性转型过程。

第二节　案例：独立后西马华人的种族身份政治

东南亚国家在“去殖民化”并实现主权独立以后，其政治发展出现了一些变化。这些变化包括东南亚国家开始推行种族主义政治的本地人优先的“土著主义”政策，以及对移民实行“东南亚化”的强制同化政策。对马来西亚来说，这种强制同化政策包括保护马来人特权地位的“马来人优先”政策，以及对华人等少数族裔推行强制同化的“马来亚化”政策。特别是1969年大选后的“五一三”种族暴动事件，成为马来西亚政治的历史转折点，从此马来西亚政治发生了历史转向，直接导致了更加严格意义上的种族主义政策的实行。这个时期东南亚国家种族主义政治的实施，形成了华人的种族身份构造运动，可称之为华人的种族身份政治阶段。本章以何启良的《独立后西马华人政治演变》① 作为分析材料，来说明东南亚华人种族身份政治这个命题。按照何启良对这个时期华人政治的考察时间分期，笔者重新从华人身份政治这个角度进行解读，把这个时期华人的身份史划分为以下相应几个阶段：独立时期和1960年代的“马来亚化”阶段、1970年代的“土著主义”阶段、1980年代的“两线政治”阶段以及1990年代以来的“新华人”阶段。

一、“马来亚化”阶段（1957—1970）

在1957—1970年间，发生在马来西亚的政治事件如下：1957年8月31日，马来亚在英国171年的殖民统治下完成了“去殖民化”的政治运动，宣告独立；1960年，马来亚实行11年的“紧急状态”结束；1964年，马来亚与印度尼西亚发生对抗事件，马来西亚联合邦成立；1965年，新加坡退出联合邦。这一时期马来西亚政治的特点为主权独立和巩固政权，一方面包括主权的三个构成部分——领土、人口、政府的构造，另一方面包括选择西方民主体制、继承多元种族传统以及建设国家运转系统。

在1957—1970年间，马来西亚华人政治事件如下：20世纪60年代初期反对力量社阵解散；60年代后期两大以华人为主的政党（民主行动党和民政党）成立；1969年大选后发生“五一三”种族暴动事件。这一时期马来西亚华人政治的特点为：由于主权独立导致产生了政治认同本地化和争取公民权的身份构造运动，华人政治继承了独立前存在的公民权、语文政治和政党代表权的政治议题，以及出现了早期的华人政党。

（一）建国时期“马来亚化”政治和“协和民主”制度

根据何启良提供的资料，这一时期的“马来亚化”政治包括如下事件：

1. 独立事件

马来亚联合邦在1957年8月31日宣布成立。这个争取独立的过程，包括从“马来人万岁”（Hidup Melayu）的极端民族主义到“默迪卡”（Merdeka，“独立”、“自由”之义）的国家独立运动。“马来人万岁”是巫统在20世纪50年代所喊出的口号。1957年8月31日，马来亚联合邦第一任首相东姑阿都

① ［马来西亚］何启良：《独立后西马华人政治演变》，选自林水檺、何启良、何国忠、赖观福编：《马来西亚华人史新编（第二册）》，马来西亚中华大会堂总会，1998年。

拉曼在吉隆坡默迪卡体育馆高呼“默迪卡”，标志着开始独立自主。联盟政府于1952年成立，其成员包括巫统和马华公会。到了1955年选举，才有印度国大党加入。

2. 联盟政府建立国家系统

（1）自治行政机构（文官体系）的建立。自治的目的是“马来亚人管理马来亚事务”，独立后公务员的录取和雇用开始“马来亚化”，即“本地化”。所谓“马来亚化”，是指聘用、提升更多本地人的政策。在实际的运作上，因为马来人在宪法上受保护，有“特权”保障，在政府的行政机构里有固定的配额（即所谓“固打”），导致体系“本地化”的扭曲，使大马的官僚体系无论在职权、功能或人数、资源的控制上逐渐地“马来化”。这一发展进一步巩固了马来政权，也成为华人政治的重要议题之一。文官体系成为政治过程的主导者的现象，到了1970年后敦阿都拉萨上台和“新经济政策”的实施才真正出现。

（2）经济发展和建设。独立后的大马经济体系基本上仍然具有许多殖民时期的特征。《第一项五年计划》（1956—1960）显示出殖民经济政策的延续，而其经济目的基本上不具有任何政治意义。到了《第二项五年计划》（1961—1965）和《第一项马来西亚计划》（1966—1970），其政治意图和动机才开始呈现。在这两项计划书里，出现了四项重要原则：①区分马来和非马来族群；②重视乡村经济；③增加产量；④增加公共开支和公共企业的参与。[①] 这些特征标志着国家经济“马来亚化”的开始。

（3）多元种族政治体制的运作。当时的大马宪法已被认为是三大民族的政治协定，而马来人特权为不争点。联盟组织的形成和成功运作，使得这个时期的大马政治制度被称为一种“协和民主”（Consociational Democracy）制度。赖合特认为，这种“协和民主”制度有四个特点：①政府乃各大民族领导层的结盟；②用相互否决的行规保护少数人的利益；③在政治代表权、公共职位、公共开支的分配上，以“比例”制作为原则；④各族对于自身事务的运作有高度的自主性。[②] 独立前，大马华人所关注的主要是政治身份归属和

① Government of Malaya, *First Five-Year Plan*, 1956 -1960, Kuala Lumpur: Government Press, 1956; *Second Five-Year Plan*, 1961 -1965, Kuala Lumpur: Government Press, 1961.

② Arend Lijphart, *Democracy in Plural Societies—A Comparative Exploration*, New Haven: Yale University Press, 1977.

母语教育的大议题，其次为文化定位的纠缠。大马宪法上明文规定了一些重要事项：关于公民权，凡于独立日以后在联合邦出生者自然成为公民；在独立日以前在本邦出生者，在其申请前 7 年中有 5 年住在本邦并略懂马来语，可登记为公民；在独立日以后居住本邦者，在申请前 12 年中有 8 年住在本邦，略懂马来语，可成为公民。关于马来人特权，在 15 年内，马来人继续在土地保留、公职比例、商业许可和奖学金方面享有优先权。此外，还规定马来语为国语。这些重要的发展和蜕变不只牵涉身份归属的问题，更重要的是还牵涉政治意识和国家认同的转化。[①] 这时大马华人必须注意到政治认同本土化、马来西亚化的问题了。马华公会从一个福利慈善机构演变成一个政治利益组织，从一个地方团体转变成一个可以和巫统一同争取独立的大政党，正是基于独立自治、国家认同这个大趋势的结果。独立前后，马华公会采取措施协助那些移居的华人申请当地的公民权，并登记为选民。华人有了公民权，才能拥有参政权和选举权，在政治领域里才会有代表权。独立后，华人的语文和母语教育问题仍然是重要的政治议题。

（二）早期华人政党政治

根据何启良提供的资料，早期华人政党政治时期发生的事件如下：

（1）独立初期大选。1959 年大马联邦举行了独立后的第一次大选，联盟在总共 104 个国会议席中赢得了 74 席（巫统 52 席、马华公会 19 席、国大党 3 席）。伊斯兰教党成为马来族群在国会最大的反对党，而社阵则成为当时华裔选民在国会里最大的反对党。1964 年，大马联邦举行了第二次选举，联盟在国会赢得 89 席。当时大马与印度尼西亚的对抗和新加坡人民行动党的参与对选举有所冲击，但是 1964 年的选举结果表明，选民对联盟政府表示了支持。

（2）马华公会代表权问题。林苍佑改革失败事件是马华公会的一个历史转折点，其实质性内容是：作为一个代表华人的政党，马华公会在联盟政府内部应该扮演一个怎样的角色？华文教育在国家教育体系里应该如何定位？这两个重大问题以后仍然不断出现在华人政治的主要议题中。马华党选议程

① ［新加坡］崔贵强：《新马华人国家认同的转向（1945—1959）》，新加坡南洋学会，1990 年；古鸿廷：《论马来西亚华人民族主义运动之研究》，选自《东南亚华侨之认同问题：马来亚篇》，台北：台北联经出版社 1994 年版，第 31 ~ 33 页。

上的议题是政治代表权（大选议席）和华人教育（母语保障）。

（3）语文政治：官方语文和独立大学。华文教育和政治的密切联系是大马华文教育发展的一大特点。在华文教育的奋斗史里，几乎没有一次事件是“纯粹”的文化或教育之争，无论是小事件如中学甄拔考试、编写师资教材，还是大原则如“最终目标”、开办华文大学等，都是政治较量和斗争的表现。1957 年拟定的源自《拉萨报告书》的新教育法令，成了以后华人政界和华文教育界人物的重大议题。1965 年“马来西亚注册社团”发起了向政府争取将华文列为官方语文的活动，成为大马语文政治的一大高潮。华人社会争取华文为官方语文受挫之后，开始转向母语教育的另一种方式，并在 1967 年 12 月提出了创办“独立大学”（下文简称“独大”）的构想。两年后成立了“独立大学有限公司”，并进行策划和组织。1968 年 4 月 14 日，董教总召开独大发起人会议，共有 199 个注册社团的代表出席。在 1969 年 5 月 8 日大马第三届大选前夕，独大获准注册。独立大学运动直到 1969 年“五一三”种族暴动事件发生之后才宣告暂停。1968 年 7 月，马华公会提出了创办拉曼学院的建议，政府在 11 天内批准了这项计划，并且答应以“一元对一元”的方式来维持该学院的经费。

（4）新加坡退出事件。新加坡参加和退出马来西亚联合邦的整个事件，显露出了大马种族政治的敏感性和决定性，也说明了部分华裔政治人士对当时政治体制的争议。1961 年，马来亚国会通过并接受马来西亚概念的提议。1962 年 9 月，新加坡举行全民投票，赞成星马合并。1963 年 9 月 16 日，马来西亚联合邦成立。李光耀在不同场合挑战马来特权，强调“马来西亚人的马来西亚”是不应分种族的。1965 年，反对势力在人民行动党的领导下，在新加坡举行了反对党会议，成立了“马来西亚团结机构”（Malaysian Solidarity Convention）。新加坡于 1965 年 8 月 9 日正式退出马来西亚联合邦。

（5）华人政党的诞生。20 世纪 60 年代，纯粹的华人政党只有马华公会；直到 60 年代后期，大马政坛才出现了两个以华人政治诉求为主的政党：马来西亚民政运动党（下文简称“民政党”）和民主行动党。有论者认为，这三个政党基本上代表了华人政治的三个导向。民主行动党于 1966 年诞生，该党主张种族平等、社会和经济公平，推行“马来西亚人的马来西亚”的理念。该党认为，民族社会主义是建立一个团结的马来西亚的唯一有效的非种族路线。民主行动党自 20 世纪 70 年代建立起威信，与马华公会和民政党形成此消彼长的局面。民政党成立于1968年，该党在成立宣言中显示其立场：支持多元种族主义、温和社会主义和国会民主制。民政党在1971年的内部斗争后已蜕变为华人政党。

（三）转折点："五一三"种族暴动事件

根据何启良提供的资料，"五一三"种族暴动事件是马华政治的转折点。

独立以来，大马实施一种种族主义政治。到20世纪60年代后期，政治的多元体制受到各方面的压力，许多种族性的议题开始尖锐化和具体化。其中，主要的议题仍然是语文问题和经济悬殊问题。这种种族分裂意识已逐渐变成了一种潜在的巨大张力。1969年5月10日，全国举行了第三届大选，联盟政府的得票率略低，在国会104个议席中只赢得了66席，总得票率为49.1%，反对党在国会赢得了37席，总得票率为50.9%，这是独立以来反对党赢得最多选票的一次。1969年5月11日至14日，两个阵营的示威行动在种族两极化的情况下演变成了种族性质的流血暴动。5月15日，在暴动后的第二天，马来西亚最高元首宣布全国进入"紧急状态"，国会被解散，国家由以敦阿都拉萨为首的"国家行动理事会"执政。事后"国家行动理事会"发表了《五一三悲剧》白皮书，把事件的根源归于种族经济的悬殊和分化："被国家经济生活排斥的马来人，现在已开始感觉他们在公共服务的地位受威胁。非马来人从政者不曾提及其在本国大部分的私人机构对马来人采取了禁严关闭的态度。"① "五一三"事件是大马历史的转折点，是大马政治发展的"典范转移"。事实上，1970年后，种种政策的拟定皆以对此事件的解释为政策依据。于是，1970年后大马专制的、土著主义至上的政治体制，已经与独立以来多元的"协和民主"体制产生了意识上的决裂。②

通过对何启良提供的东南亚国家独立时期和20世纪60年代详细史实的分析可以得出以下推论：第一，独立初期"东南亚化"、"本地化"以及"马来亚化"政策在主权权力的行政权和国家经济政策的实施是一种种族政治，虽然这种种族政治在民主体制上表现为一种多元种族主义的"协和民主"制度的调和，但是这种种族政治产生的压力最终导致了"五一三"种族暴动事

---

① *The May 13 Tragedy: A Report*, Kuala Lumpur: National Operations Council, 1969, pp. 23 – 24.

② ［马来西亚］何启良：《独立后西马华人政治演变》，选自林水檺、何启良、何国忠、赖观福编：《马来西亚华人史新编（第二册）》，马来西亚中华大会堂总会，1998年，第72～84页。

件的爆发。第二，这种“东南亚化”、“本地化”种族政策是对华人实施的一种种族身份构造过程，最终产生了“华族”这个符号，其中涉及的事件包括马华公会在联盟政府中依附于巫统的执政党地位的确立、语文政治、新加坡的退出，以及华人政党的诞生和种族化演变。第三，在主权权力的这种种族身份构造运动中，华人利用这个阶段的“协和民主”制度，通过选举投票方式这种契约工具来维护华人整体利益。因此，这个阶段的华人政治既是一种种族身份政治，又是一种契约性种族身份政治。

二、“土著主义”阶段（1971—1980）

在1971—1980年这个阶段，马来西亚政治事件如下：1971年开始的敦阿都拉萨所宣称的“新秩序”——“土著主义”至上政策，包括国家原则、新经济政策、教育政策和国家文化政策。这个时期马来西亚政治的特点是完成从“协和民主”制度向“土著主义”制度的转型，“土著主义”至上政策占据主导地位，“马来人优先”特权得到巩固。

在此阶段，华人政治事件如下：华人政党马华公会在华人社会中地位下降，民主行动党发展有限，华团组织的华人大团结运动目标开始模糊并最后演变成华人政治运动，语文政治仍然是华人政治的主要议题，“独立大学”案以失败终诉。

（一）“土著主义”政策

根据何启良提供的资料，1970年代马来西亚的“土著主义”政策有如下表现：

（1）国家原则、新经济政策、国家文化政策三大政策的拟定。1970年8月31日，联盟政府推出国家原则，主要内容包括信奉上苍、忠于君国、维护宪法、尊崇法治和培养德行。国家原则的主要目的是为马来西亚作为一个多元民族国家的存在和发展提供一个可行的方案，以及平衡种族主义，建立国家共识。1971年2月20日，马来西亚恢复国会，通过了《第二马来西亚计划书》，其中的新经济政策采取了亲土著策略，标志着“土著主义”的正式形成。新经济政策主张以政府干预方式重新分配及调整各种族的经济差距，它有两大目的：重组社会和消灭贫穷。其目标是要在1970—1990年的20年内重组社会和经济结构，使马来人资本、华人资本和外资在全国商业界和工业界里各占30%、40%和30%。1971年，国阵政府宣布了国家文化政策，其主要内容有三点：国家文化应以土著文化为核心；其他文化中适合及恰当之项目，可被接受为国家文化的一部分；伊斯兰教是塑造国家文化的一个重要组成部分。国家文化政策的出台，标志着贯彻土著文化运作的官方化。[①] 1975年马来西亚推出了《工业协调法令》，进一步限制了华人经商的自由。由于华人商业团体的反对和抗议，《工业协调法令》在1977年作了某种程度上的修改，但是其严苛的规定并没有改换。1978年马来西亚工商联合会举办“全国华人经济大会”，探讨自新经济政策实施以来华人的经济困境，向政府提呈一项备忘录。华社直到20世纪80年代初期才举行“全国文化大会”，向当局提呈了备忘录。

（2）国民阵线的组成。1972年，联盟政府在敦阿都拉萨的推动之下，被重组为拥有11个政党的国民阵线。国民阵线（Barisan Nasional）简称“国阵”，成员为巫统、马华公会、印度国大党、民政党、伊斯兰教阵线、沙捞越达雅党、沙州国民党、沙州土著保守党、沙州人民联合党、人民进步党、沙巴州统一机构。到1972年民政党参与国阵以后，华人政党政治的两大阵线已经真正形成，并逐渐定型：一大阵线是马华公会和民政党，代表了在官僚体系内作渐进争取的组织；另一大阵线是民主进步党，代表了华人社会里政治动员的力量。

（二）华人政治困境

根据何启良提供的资料，这个时期的华人政治事件如下：

（1）华人大团结运动解散。1971年华人大团结运动，初由马华公会发起和领导，并于同年2月7日在吉隆坡召开华人社团领袖大集会。会上通过了六项宣言：“第一，吾人深信本邦马来西亚欲得稳定、安宁及进步，则所有人民，不论其种族源流，必须团结。第二，吾人坚信马来西亚华人，必须本身团结一致，方能对巩固国家团结，作有效的贡献。第三，吾人坚信，每一马来西亚人之平等自由权利，不受转移亦不可侵犯，此种权利超出所有政治、社会、文化及经济的范畴。第四，吾人坚信必须尽一切可能，以提高各种族

① ［马来西亚］何启良：《独立后西马华人政治演变》，选自林水檺、何启良、何国忠、赖观福编：《马来西亚华人史新编（第二册）》，马来西亚中华大会堂总会，1998年，第86页。

未达水准者之地位，俾本邦经济繁荣得众人与共之。第五，吾人更坚信每一位马来西亚人之福利与安全，必须受到国家之保障。第六，吾人保证对本邦效忠不二，且贡献性命，保卫国家，团结一致维护宪法，并依据国家原则之精神与其他民族合作，俾在民主公平马来西亚之社会，促进经济、社会及政治之进展，使人人有平等享受的机会。”当时的华人大团结运动有两股政治力量支撑着：政党和非政党的力量。但这并无法摆脱其固有的局限性，最后留下了“团结为了什么？”的争执与困惑，这正反映了20世纪70年代华人政治发展的大困境。

（2）华人政党党争。1971年2月，马华公会第二十届常年代表大会通过了“七一八宣言”，重新肯定在宪法里赋予华人的权利和义务。1972年，马华公会曾发动一项“华人精神革命”运动，呼应当时巫统推动的“马来人精神革命”声势，抨击华人社会的种种流弊。1973年4月，马华公会主张改革的少壮派林敬益正式向党领导层挑战，发生党争事件。1974年，李三春接任。1979年，马华公会党内改选，再次发生党争事件。20世纪70年代的马华公会以党争始，亦以党争终，党争对马华公会的声誉和威望破坏很大。马华公会在保守得势者的领航下，其意识形态和政治路向与华人社会愿望的距离也被越拉越远了。另外，20世纪70年代行动党和民政党内部也发生过党争。

（3）20世纪70年代的语文政治：独立大学案终诉败诉。“独立大学”（简称“独大”）的建议自1969年提出之后，便因“五一三”种族暴动事件而暂告终结。1971年国会通过了“必须（高等教育）条款”，该条款规定要成立一间大学或大专学院，须依照法令先获最高元首批准，再经过国会通过，方可组织成立。1973年独大理事会向政府呈请批准优先有关“独立学院”的计划，1974年大选前夕教育部复函拒绝批准“独立学院”的计划。1977年独大有限公司在全国全面展开向最高元首提呈请求恩准创办独大的请愿书签名盖章运动，1978年1月独大理事会邮寄独大请愿书与盖章录提呈最高元首。1978年12月马来西亚教育部部长拿督慕沙希旦在国会上宣布拒绝独大的申请，1980年独大有限公司就政府拒绝批准开办独大的申请向法庭起诉，却在1981年11月败诉。1982年独大案被禁止上诉英国枢密院，理由是独大有限公司声明研究创办文化学院或研究院已涉及宪法问题。由此可见，独立大学案事实上不只是一个教育事件，同时也是一个政治事件。①

纵观20世纪70年代马来西亚华人的政治历程，可以得出以下结论：第一，从主权维度看，马来西亚已正式形成一幅清晰的种族政治路线图：以“固打”制为特点的“马来亚化”行政体系、以配额制为特征的新经济政策、以“土著主义”为核心的国家文化政策，以及削弱华人政党代表权配额的“国阵”。这些政策措施构成了一个实行身份构造政治的国家法律和行政体系。第二，在“土著主义”政策环境下，华人政治陷入困境，具体体现在华人大团结运动的解散、华人政党因政治路线而发生的党争和独立大学案终诉败诉。第三，华人在这种身份政治的构造过程中，也运用了契约性的选举政治和“备忘录”形式，与主权权力进行互动。因此，虽然20世纪70年代华人这种种族身份构造运动从华人主体维度上看华人是作为一种主权权力的被动客体，但仍可视之为契约性种族身份政治阶段。

三、“两线政治”阶段（1981—1990）

在1981—1990年期间，马来西亚政治事件包括“2M”政府的成立和分裂，以及新经济政策的深化。这个阶段的马来西亚政治特征是“权威政治”。

这个时期华人政治的特点是“两线政治”：既利用华人执政党争取华人权益，又利用华人反对党和民间华团制衡权力。

（一）权威政治

根据何启良提供的资料，这个时期马来西亚政治大环境有以下表现：

（1）权威政治和“2M”政府的新经济政策。1981年7月1日，马哈迪医生成为大马独立后的第四任首相。他曾是一个激进的马来民族主义者，在1970年出版了著作《马来人的困境》。马哈迪上任后，任命另一个激进者慕沙希旦为副首相，两人组成广为人知的“2M”政府。从1981年到1984年，政府目标是1982年大选的口号——建立“廉洁、有效率与可信赖”的政府。在这个发展阶段里，“2M”政府处理了失当和亏本的土著企业，消灭公共领域的贪污，提高效率，以及缓和了联邦政府和州政府之间的政治内争；同时

① ［马来西亚］何启良：《独立后西马华人政治演变》，选自林水檺、何启良、何国忠、赖观福编：《马来西亚华人史新编（第二册）》，马来西亚中华大会堂总会，1998年，第84～95页。

推出了“向东政策”、“重工业化政策”、“私营化政策”、“马来西亚大宝号”、“以身作则运动”、“提高生产力资产”等一系列措施，推动了当时新经济政策的施行。

（2）从1985年到1990年的第二个阶段，马来西亚经历了政府大选、经济萧条和“2M”政府的决裂。在1986年大选中，国阵成绩不理想。1983—1985年世界出现了经济大萧条。巫统内部发生了政治斗争，后被法庭判为非法组织，马哈迪重组旧队，成立新巫统。自马哈迪上任后，首相署的结构、功能和目的与其他政府机关如国会、司法部、立宪君主、政党等相比，权力有逐渐集中和扩大的趋向。首相署成为一个支配性的建构，金钱政治泛滥、派系林立、资产阶层利益优先。这个时期的华人政治虽然有个别独立运作事件，但是在很大程度上比以前更加被动地受制于马来（巫统）政治。

（二）华人政治：“两线政治”

根据何启良提供的资料，这个时期华人政治呈现以下现象：

（1）马华公会的“权威危机”：党争和政治经济问题。马华公会20世纪70年代的党争导致其出现了权威危机。1982年大选，马华公会总会长李三春向华社发出呼吁，要求华裔团结起来，使马华公会在政府里有足够强大的政治代表权。在马华公会这次大选胜利后，李三春宣布辞去所有职位。马华公会于1984年初开始了一场历时两个月的党争危机，陈群川登上了马华公会总会长的职位。但是一周后，陈群川因为马化控股公司于1984年在新加坡卷入新泛电公司的财务纠纷，被新法庭裁判入狱。其后，马化控股公司的合作社的亏空使得万名存款人（大部分是华人）受到严重的打击。这一连串事件使马华公会陷入了严重的领导威信危机。到了20世纪80年代后期，马华公会的“权威危机”已达到最严重的程度。

（2）政治路线的分歧：1982年华教人士参政和1985年“全国华团宣言”。1982年大选，董教总提出了“三结合”的概念，希望能够“里应外合”。所谓“三结合”是指结合以华裔为主的执政党、反对党和民间华团三方面力量来捍卫华人的平等利益。1985年全国15华团拟定了《马来西亚全国华团联合宣言》，共有全国5 000多个华裔社团的27个领导机构和联合总会签署。1986年以林晃升等人为领导的全国华团民权委员会成立，提出了“贯彻华团联合宣言第一阶段九大目标”：①废除土著与非土著的区分，反对土著利益至上的经济政策；②严厉取缔非法移民，以维持社会安全；③选区划分必须遵从“一人一票”的公平民主原则，使各选区选民数目大致相同；④文化资产的制定必须承认及接受马来西亚社会的多元性本质；⑤公平对待各源流学校及各族语言；⑥建立廉洁有效的行政体系，严厉对付贪污；⑦全面发展新村，把新村发展纳入国家发展主流；⑧政府应尽速批准符合条件之公民权申请书；⑨重新检讨违反基本人权的法令。[1] 1986 年的大选成绩显示，国会赢得 2/3 的国会议席，但是它的得票率从 1982 年的 60.4% 下降到 55.8%；大马反对势力的选票虽然没有超过半数，却有增加，但是整个得票率不能转化为同等比例的州与国会议席数字。得票率和议席的不匀称是大马宪法政规（选举制度）和官僚运作（选区划分）所带来的后果。

（3）“茅草行动”、1990 年大选和迈向“两线政治”。大马的语文政治再次体现在 1987 年的天后宫集会上。1987 年 8 月，教育部委派了 200 名不懂华文的教师到华小担任高职，10 月 11 日，三大华人政党和 15 华团在吉隆坡天后宫召开大集会以商对策。巫统青年团也在 10 月 17 日举行了一个共 15 000 人参加的集会，反应强烈。此外，巫统在建党 41 周年纪念之际也宣布 11 月 1 日将在吉隆坡默迪卡体育场举行 50 万人的大聚会。为此，首相马哈迪动用了内部安全法令发动了一次大型的逮捕行动。这项所谓的“茅草行动”在 10 月 27 日启动。对华团人士来说，这一次的逮捕行动加强了他们反对政府政策的意向，从而认同了行动党的主张和斗争策略。1990 年大选前夕，以董总主席林晃升为首的 27 名华团人士正式宣布集体加盟行动党。这批华团人士在入党仪式上宣布：“我们相信，在国阵长期一党独大的政治局面下，要恢复我国的民主、人权与司法独立，就必须加强反对党与反对党阵线，以达至分权制衡……其实，早在 1986 年全国华团民权委员会贯彻‘全国华团联合宣言第一阶段九大目标’时，我们已提倡及宣扬‘两线制’。”大选成绩显示，伊斯兰教党和 46 精神党在吉兰丹州大获全胜，赢得了该州全部 39 个州议席；行动党在槟城的 33 个州议席里赢得了 14 席，只差 3 席即可夺得该州政权。在国会选举里，国阵虽然保住了 2/3 的多数席位（国阵 127 席、反阵 53 席），但是它的得票率再度下跌，从 1986 年的 55.8% 跌到 1990 年的 51.95%（反阵 45.4%）。当时“两线制”口号喊得很响，而选举成绩也表现出反阵得

① 马来西亚全国华团民权委员会编：《贯彻华团联合宣言第一阶段九大目标》，雪兰莪中华大会堂，1986 年。

到选民的支持，1990 年也被喻为大马“两线政治”的开始。[①]

从 1981—1990 年这段时期来看，可以得出以下结论：第一，马来西亚建国初期和 1960 年代维护马来人特权的“马来亚化”和“本地化”策略产生了种族政治压力，导致 1969 年所发生的“五一三”种族暴动事件成为一个从“协和民主”体制过渡到“土著主义”至上的种族政治体制的转折点。而 20 世纪 70 年代新经济政策的实施标志着“土著主义”种族政治路线的正式形成，进入 80 年代后，其又和“权威政治”进行结合，从而得到继续深化。在这个种族政治的构造过程中，华人作为主权权力构造的客体对象，变得更加被动。第二，在这个时期，华人政治处于一种种族政治压力之下，华人政治内部发生了政治路线的分歧和争议，包括华人政党马华公会、民主行动党和民政党党争，华人大团结运动的目标模糊和最终解散，“天后宫集会”的语文政治事件及其导致的“茅草行动”事件，促使 1990 年大选后华人政治“两线政治”的正式形成。第三，华人通过选举政治，以及全国华团民权委员会于 1986 年宣告“全国华团联合宣言第一阶段九大目标”，要求实现在政治上和经济上的种族平等、尊重各族语文源流与重新检讨人权等政治目标。这是一种契约性的工具手段，华人运用这种契约工具来实现自身身份构造的政治运动。因此，这个时期是主权维度的种族身份政治时期，如果从移民主体维度来看，可以作为一种契约性的种族身份政治阶段。

四、“新华人”阶段（1991— ）

自 1991 年以来，马来西亚政治经历了以下过程：以工业化和区域化发展为目标的国家发展政策代替实施了 20 年的“土著主义”至上的新经济政策，并提出“2020 年宏愿”的政治概念；巫统提出“新马来人”概念；马来西亚政府实施“小开放”政策；巫统提出“我们都是一家人”概念。这个时期马来西亚政治的特征是塑造多元种族主义的现代宪政国家。

同时期，华人政治方面则有：提出“新华人”概念；在政府“小开放”政策下华人政治从“施压”手段转向“协商”手段；1995 年大选国阵胜利导致华人政治的“两线政治”解体；华人政党反对的民主行动党出现困境，华

① ［马来西亚］何启良：《独立后西马华人政治演变》，选自林水檺、何启良、何国忠、赖观福编：《马来西亚华人史新编（第二册）》，马来西亚中华大会堂总会，1998 年，第 96 ~ 103 页。

人社团出现“去政治化”运动。

（一）国家发展政策和宏愿政治

根据何启良提供的资料，1990 年以来马来西亚发生的政治事件大致有如下两个：

（1）实施国家发展政策。1990 年，实施了 20 年的新经济政策正式结束。20 世纪 80 年代后期，华人政治里最大的争论从新经济政策是否会延续转移到后新经济政策的拟定过程上。国阵政府为此成立了“国家经济协商理事会”，该理事会经过了几个月的争论，最终形成一份建议书，推动了 1991 年国家发展政策的实施。

（2）宏愿政治。1991 年 2 月 28 日，首相马哈迪在“马来西亚企业理事会”成立典礼上宣读了题为“马来西亚前进之路”的开幕词，首次提出了“2020 年宏愿”的概念。“2020 年宏愿”，其目标是大马将于 2020 年成为一个先进的现代工业国。要达到这个终极目标，其中的九项挑战之一是“建立一个团结的马来西亚，塑造一个政治效忠和为国献身的马来西亚族”。此后，“2020 年宏愿”成为 1990 年代大马国阵政府的重要政治口号和治国策略。华人社会对“2020 年宏愿”表示欢迎，主要是因为其包含了不分种族的“马来西亚族”和以经济为前提的目标。华人认为，这是国阵开放和宽大政策的又一表示。

国阵政府实施国家发展政策和“2020 年宏愿”的提出，基本上扭转了国阵政府政策对华人不利的认知，在政治策略上获得了成功。

（二）华人政治：“新华人”

根据何启良提供的资料，1990 年以来华人政治界有以下动向：

（1）“新华人”概念。当时巫统领导层提倡“新马来人”的概念，华人社会也相应地提出了“新华人”的概念。马华公会会长林良实作为最先提倡此概念的人，呼吁华人社会努力“塑造最优秀的华裔”，提出华族必须顺应时势的改变，摒弃消极态度，积极面对竞争。随后雪兰莪吉隆坡中华总商会会长颜清文也发出“塑造新华人”的呼吁。“新马来人”和“新华人”的不同点在于前者先由当权者提出，然后才由官僚体系贯彻，由知识分子诠释；而“新华人”理念所缺乏的就是这两大阵营的支持和扶助，由此造成“新华人”

口号没有继续发展。从这一事件可以看出，马来人政治在大马政治里处于主动和枢纽地位，而华人政治只是处于被动地位而已。

（2）1995 年大选："两线政治"梦想的破灭。1995 年大马举行第九届大选，国阵政府大胜。在政治竞争上最重要的指标——得票率方面，国阵为 65.4%，比上届增加了 12%，也是大马自 1957 年独立以来执政党得票最高的一次。国阵在国会议席上占 84%（161 席对总和的 191 席），在州议席上占 86%（339 席对总和的 394 席），回到了 1986 年以前的水平。相对的，反对党（尤其是民主行动党）的得票率下降，属历届大选最差的一次。国阵选票的增加，是因为华人选民支持转向了政府。华人选民看到了政府"小开放"政策带来的益处，于是转向以协商为主来争取权益，从而倾向了国阵。行动党得票率跌幅相当大，从 1990 年的 16.5% 减少至 1995 年的 12.1%，跌幅为 4.4%。行动党的得票率主要建立在选民对国阵政策的不满上，属于一种"反支配的支持力量"。从整个大局势来看，大马民主理想退潮，"两线政治"梦想破灭。

（3）"我们都是一家人"：华团政治"协商"。1990 年国阵政府批准申请了多年的马来西亚中华大会堂联合会（简称"堂联"）的成立。堂联的成立，是政府与华团紧张关系的转折点。1990 年第一届堂联会长竞选，出现了所谓"协商派"和"施压派"的对垒。最后，"协商派"的林玉静胜利，领导堂联及以下的华团采取了协商态度，民权委员会的 15 华团领导机构正式解体。1994 年吴德芳当选为第二任堂联会长，对于当初的"华团全国宣言"的合作性作出检讨。1995 年大选时，中华工商联合会和堂联先后发表宣言支持国阵政府，出现了"去政治化"的行动。这个时期，华团领导人仍然认为"超越政党，不超越政治"是华团在政治斗争里的最好策略，国阵政府在不同的场合里肯定了华人在大马经济发展中的贡献。国阵领导层用毛笔在公开场合书写华文，提倡"我们都是一家人"的理念，随后许多马来政治人物和官员也跟着用毛笔写华文。这些言论和象征性的举止，反映出当权者真正意识到种族之间互重互容的重要性和迫切性。①

何启良认为，从独立后至今，大马华人政治的演变基本上有三个明显的经纬：第一，它是与大马政治主流——马来人政治互相依存的，甚至可以说

① ［马来西亚］何启良：《独立后西马华人政治演变》，选自林水檺、何启良、何国忠、赖观福编：《马来西亚华人史新编（第二册）》，马来西亚中华大会堂总会，1998 年，第 104～112 页。

后者一直支配着前者。大马华人的政治运作，一直在反映着大马整体政治的种种变迁，如独立时政治认同、公民权和母语教育权的争取，20 世纪 60 年代后期的独立大学运动，20 世纪 70 年代的经济合作社，20 世纪 80 年代的华教人士参政和 90 年代初期的“新华人”口号等，都是因应国家政治或马来人政治的变迁而出现的。第二，它有本身的独立空间和特殊的政治运作，但严格来说基本上还是与国内的种族政治紧密相关，因此可以从族群政治的角度来诠释。① 第三，它被国际政治或区域发展所影响。在中马方面，中国的民族主义运动、中国的国民党和共产党之间的斗争等，都影响到马来西亚独立前后大马华人政治的倾向；20 世纪 60 年代敦阿都拉萨对中国表示亲善，也左右了华裔选民的选票；20 世纪 90 年代初期，马哈迪政府进一步改善与中国的贸易关系，促成了大马华裔公民对大马的政治认同。在全球环境方面，70 年代全球性的经济萧条使新经济政策的实施更具争议性，80 年代末冷战结束和全球化也促使大马“两线政治”概念的形成。这三方面的因素互动互补中所产生的变动，造成了大马华人政治发展的种种变化。

独立后约 40 年里，大马华人政治基本上（或大部分时间）有三派政治势力——在朝的马华公会和民政党所代表的“协商”与“折中”势力，在野的行动党的政治反对势力，以及民间华团组织的边缘势力。这三派势力的结合、斗争、配合、反对，反映出华人政治趋向的不确定性。经过了独立初期的政治“本土化”，60 年代的权力挣扎和挫折，70 年代大团结运动的努力，80 年代的政治路线分歧，② 到 90 年代，大马华人选择了以经济为主和以协商为策略的政治方向，一直延续至今。③

华人史是马来西亚史、东南亚史和世界史的一个组成部分，受到国内族群政治、中国政治以及区域内乃至国际政治的影响。华人政治是马来西亚政治的主要构件之一，华人政治与马来西亚政治不可分割。华人政治受制于马来西亚国内族群政治，以族群政治为特征的主权权力对于华人政治来说是一种支配性力量。因此，笔者认为，华人政治是一种身份政治，但是这种身份

① ［马来西亚］陈志明：《华裔和族群关系的研究——从若干族群关系经济理论谈起》，《中央研究院民族学研究所集刊》1980 年第 69 期，第 1～26 页。

② ［马来西亚］祝家华：《解构政治神话：大马两线政治的评析（1985—1992）》，吉隆坡华社资料研究中心，1994 年。

③ ［马来西亚］何启良：《独立后西马华人政治演变》，选自林水檺、何启良、何国忠、赖观福编：《马来西亚华人史新编（第二册）》，马来西亚中华大会堂总会，1998 年，第 113～114 页。

政治处于一种过渡之中，呈现一种身份流动性现象。华人在马来西亚体制之下，可以通过契约性的选举政治、参政的华人执政党与平衡权力的华人反对党来修正主权权力的身份构造的政治运动，从而实现从被动客体向主动主体的转型，这种华人种族身份政治可以被视为一种契约性的种族身份政治。

第三章　东南亚华人主权身份政治

“二战”以后，东南亚国家开始“去殖民化”，进行主权独立和国家构造的政治运动。从现代主权国家构造的历史角度来看，主权的政治构造是一种现代政治共同体构造，其合法性有两种来源：其一是继承历史上存在的政治共同体，它一般具有固定的领土，在这个领土上已经形成了一个民族，这个民族根据一种历史契约和现代契约以某种现代政治的合法性方式来继承这个政治共同体，并获得一种现代主权国家形式，如埃及、英国、法国、西班牙、俄罗斯、中国、日本等。其二是重新构造一种新的政治共同体，这种被构造的新政治共同体即现代主权国家形式，其前身还不是一种现代意义上的政治共同体，而是一种其他共同体形式，如经济共同体、文化共同体或者近代以来构造的殖民地形式。由于这些形式的共同体已经形成了一定的政治共同体的基础要素，如固定的领土、固定的人口、经常性的不可或缺的自然经济联系、文化上的同一性或近似性、同一性的历史和有效的政府形式等，在一种现代契约的意义上就可以构造一种现代主权国家，如德国、意大利、美国，以及亚非拉“去殖民化”地区的国家。博丹对主权这种最高权力本质属性第一次作了系统研究。他认为，“主权把所有的成员和部分、所有的家庭和社团联成一体；没有主权的国家，不是国家”。公民身份的界定、国家形式的分类以及国家的特性皆以主权为基础；主权实际上是国家不可或缺的关键性因素。[①] 从这个角度来看，东南亚国家的主权构造形式可以归属于后一类，即新政治共同体的主权构造形式，并由此获得一种现代主权国家的形式。

东南亚国家的这种主权构造运动，其构造主体一方面包括本土族群，另一方面也包括已经成为当地经济、文化、政治和历史一部分的外来族群。因此，按照现代政治的标准，这些族群具有构造现代主权的同等权力。从现代政治理论来看，在构造现代主权的过程中，这些族群之间通过现代契约方式

① ［美］小查尔斯·爱德华·梅里亚姆著，毕洪海译：《卢梭以来的主权学说史》，北京：法律出版社2006年版，第4页。

来构造现代主权国家；然而，在现实政治运作过程中，他们没有处于完全平等的立约者的地位上。东南亚国家在主权独立和构造现代主权国家的过程中，继承了西方殖民者的种族主义政治，推行维护本地人特权地位的“土著主义”，对外来族群文化源流和经济、政治权力实行种族主义政策。依照现代政治理论，东南亚华人在这种主权构造过程中应具有平等的主权构造者的权力，以及进行自身身份构造政治运动的权力，本书把这种权力界定为主权者和主权身份政治这两个相联系的概念。但是，在现实里，东南亚华人在现代主权构造过程中并没有处于一种平等的主权构造者的权力地位上，这是不符合现代政治观念的。东南亚华人在主权构造过程中所处的不平等地位，一直延伸到东南亚现代主权国家建立以后国家系统的建构过程中，如行政系统的“马来亚化”的“固打”制、“土著主义”至上的新经济政策、文化强制同化政策的“本地化”运动。东南亚华人在现代政治观念和现代政治实践中，逐步具有了现代意义上的主权身份政治这个概念，通过契约性的选举政治、华人政党和民间华团的推动，对自身的种族身份政治构造运动进行了一种持续性的历史性修正，这种修正也是一种契约性修正，以重新获得现代意义上的主权身份政治的构造权力。

第一节　东南亚华人身份流动性：主权身份政治

“东南亚华人”是一个历史概念，它由两个词组成，即“东南亚”和“华人”。首先，从词源来看，这两个词的构造都有几个阶段的历史形态：在20世纪40年代后期到50年代初，中国称呼这两个词为“南洋”与“华侨”；之后，“南洋华侨”的称呼变为“东南亚华人”。这两个词变化的阶段分期相同，具有历史的同一性；当然，这是一种内部的一致性，远非某个断裂的偶然性因素所能完成。其次，从词义来看，“东南亚”在初级意义上是一个地理概念，指一块有着固定空间和位置的区域；“华人”在初级意义上是一个人类学概念，特指一个具有类型学特质的族群；而“东南亚华人”一词的含义不是前两个词汇意义之和，因其历史构造和逻辑构造的主体性因素的作用，对其含义的诠释需要几个学科领域来共同完成。“东南亚华人”的含义，在空间的物理位移、时间序列的历史形态这些表层之下，存在着一些潜在的结构及其运动过程。“东南亚华人”一词的变化至少在表层上有三个观察坐标：空间的转换、时间的态动与一种身份的流动。由此，一些问题开始出现：由华侨到华人的这种身份流动性是如何产生的？这种身份流动性遵循一种什么样的路径？这种身份流动性有一个目的地吗？围绕这几个问题与学术界的相关解释，本节对东南亚华人身份流动性问题进行探讨。

一、流动性的形态：表层的流动

关于东南亚华人的身份流动性，学术界的研究集中于流动性的三种形态变化：一是指称的变化，包括从华侨、华人、华族、华裔到新华人这几个称谓的变化；二是华人社会的变化，包括从华侨社会、华人社会到华族社会的变化；三是华人网络的变化，包括从早期海外华商网络时期、与西人主导的世界贸易体系合作时期、东南亚国家独立以后的经济种族化时期到世界华商网络时期的变化。这三个形态的变化现象属于华人身份表层的流动性。

（一）关于华人指称的变化

对于华人身份称谓的变化，王赓武已作出考证，在前文已经说明，下文不再赘述。

（二）关于华人社会的变化

东南亚华人社会的变化体现出华人身份流动性的特点。按时间来看，包括20世纪40年代后期到50年代初期的华侨社会、之后的华人社会与东南亚国家独立后实行经济种族化政策形成的新华人社会这几个阶段；按照华人社会的发生领域来看，包括华人社会的文化适应层面、族群关系层面、政治认同层面三个问题领域。

关于华人社会的阶段变化，曾玲认为，以20世纪40年代末50年代初为分水岭，新加坡华人从侨居转向定居，从华侨身份转向华人身份，从华侨社会转向华人社会；华人社会的特点是以宗乡认同与本土认同的双重认同形态建立起来的跨国网络。[①] 庄国土等探讨了东南亚地区实行种族经济化以后出现

① 曾玲：《越洋再建家园》，南昌：江西高校出版社2003年版。

的华族和华族社会的概念和特点[1]。

关于文化适应层面，曹云华认为，文化适应过程是一个扬弃过程，东南亚华人产生文化适应现象，最终产生东南亚华人新文化模式。[2] 关于族群关系层面，王赓武认为，华族通过血统、生活方式来保持认同；在华族社会内部，华人又根据出生地、方言来划分为不同的次集团。[3] 曾少聪用“分群结构法”把华人族群根据方言、出生地不同分为祖籍社群和方言社群，采用民族认同与人种认同相结合的观点来进行分析。[4] 关于政治认同层面，王赓武认为，华人政治的未来取决于东南亚环境中华人政治的性质，取决于华人各个政治集团能否拥有共同的政治思想，也取决于能否在居住国共同创造一个具有开放性的政治体制。[5] 曹云华认为，东南亚华人是否能够维护自身的经济权益，是衡量东南亚华人是否具备一种政治成熟性的标尺。[6]

（三）关于华人网络的变化

廖赤阳、刘宏考证了华人网络的特征：华人网络来源于原生性认同，基础资源是地缘、血缘、业缘、神缘、学缘及族群关系。20 世纪 90 年代以来，出现了中国主导的华人团体世界联谊会、地方性主导的世界性同乡大会和宗亲大会，这是一种华人地缘性、血缘性的世界性组织网络，是地方性和原生性认同与全球化形式的结合；华人经济活动，是构成全球化活动的重要一环，华人资本是地域市场资源要素活性化的内在能量的集散中心，其基本特征为地域、网络、跨国。廖赤阳、刘宏又考察了华人网络的历史流变：历史上，华商网络作为支撑朝贡贸易体系的基础构件，受到陆权中心的海洋政策及东亚国际体系的制约。从国家与网络的历史关系来看，华人史可以分为四个时期，前文已有论及，在此不再赘述。王赓武认为，东南亚华人资本不但是所在国的可贵资产，也借助于区域性甚至是世界性贸易网络对本地区乃至世界

① 庄国土等：《二战以后东南亚华族社会地位的变化》，厦门：厦门大学出版社 2003 年版。

② 曹云华：《变异与保持：东南亚华人的文化适应》，北京：中国华侨出版社 2001 年版。

③ ［新加坡］王赓武：《东南亚的华人少数民族》，选自王赓武著，姚楠译：《东南亚与华人》，北京：中国友谊出版公司 1986 年版，第 193 ~ 210 页。

④ 曾少聪：《漂泊与根植：当代东南亚华人族群关系研究》，北京：中国社会科学出版社 2004 年版。

⑤ ［新加坡］王赓武：《马来亚华人的政治》，选自王赓武著，姚楠译：《东南亚与华人》，北京：中国友谊出版公司 1986 年版，第 155 ~ 192 页。

⑥ 曹云华：《东南亚华人的政治参与》，北京：中国华侨出版社 2004 年版。

经济均具一定的增益作用。①

二、流动性的中心内核：主权身份政治

东南亚华人身份的几种形态变化现象处于流动的表层，而华人身份的中心内核与其内在结构也在同时发生流动性现象，这是一种深层的流动，也是造成华人身份形态变化这种表层的流动的原因。东南亚华人身份的中心内核是什么呢？这种中心内核及其结构发生了什么变化？通过对文献的分析可以看出，华人身份的中心内核是一种被中心权力所决定的结构，这种中心权力就是现代国家主权。主权是自古以来就已存在的支配人类社会的中心权力所演化出的一种历史形式，这种中心权力制造了王赓武所说的从华人属性到华人身份的转变问题，即华人的身份流动性问题。同时，这种身份流动性也是主权权力对华人进行一种身份构造的过程，在这种身份政治中，华人是作为被动的客体。笔者把这种政治运动称为主权身份政治。

廖赤阳、刘宏认为，华人研究的大范式，是主权国家建立、发展与逐渐式微的历史阶段，国家与民族构成了历史建构的基本单元，这些基本单元之和构成世界史框架。按照纵向的时序结构划分，20 世纪 40 年代末 50 年代初是华侨和华人的分水岭，以主权国家为指向，前者以中国为导向，后者以东南亚国家为导向。而且认同随着民族国家形成及依照西方国际体系原理的外交交涉过程而成为问题。②

东南亚国家的独立，使华人身份问题随之产生。移民的基本特征是流动性、跨国性、网络化、去领土化、去主权化。华人身份流动性也具有移民的两面性特征：一方面，华人身份被主权这种中心权力催生、规划、控制、管理；另一方面，华人流动性、跨国性、网络化也产生了一种具有自主性的新身份的可能，而且，全球化为移民提供了一种物质条件和全球史观念。

王赓武描述了东南亚华人面临的这种身份课题：中国人到海外寻找生存资源，在东南亚流寓、侨居、定居的历史有 2 000 多年；华人现在面临的挑战

① ［新加坡］王赓武：《东南亚华人与中国发展》，选自王赓武：《王赓武自选集》，上海：上海教育出版社 2002 年版，第 267 ~ 290 页。

② ［日］廖赤阳、［英］刘宏：《网络、国家与亚洲地域秩序——华人研究之批判性反思》，《华侨华人历史研究》2008 年第 1 期。

之一，是如何在一个具有多元文化的国家里，在世界层面上寻求一种可选择的、新的独立自主的身份来实现归化或者同化。[①] 王赓武认为，传统的移民研究在总体上被置于地方史、国别史、地区史的框架之下，被置于国际性历史甚至相互依存的世界历史框架之下，这是一种地理空间中的政治研究。世界全球化关注的是一种拓展了的空间，不是传统世界史关注的各种政治实体事件，而是探察更小群体之间细微关系的视界。全球化给移民提供的物质条件支持，使得移民群体和个体获得一种全球化身份成为可能。[②]

三、流动性的双重构造过程

东南亚华人的身份流动性表现在形态变化的表层流动上，潜伏于中心内核及其结构的深层流动上，也反映在观念形态这种抽象建筑的语境转换上。一方面，从主权维度上看，学术界根据中心权力的需求，不断推出观念设计和政策工具创新，为移民的这种身份流动性现象提供规划的功能性设置与合法性依据，这是一种把华人作为被动客体的主权身份构造政治运动；另一方面，从移民主体维度上看，移民的流动性、跨国性、网络化、去领土化以至于全球化特征不断创造去主权化的身份空间，增加身份属性的维度，这是一种华人把自身作为主动主体的主权身份构造的政治运动。移民的这种身份问题实质上构成了一个主权化与去主权化的身份课题。东南亚华人的身份流动性也经历了政策层面的主权议程设置与学术界观念层面的语境构造这样一个历史过程。对东南亚华人身份的学术考察基本上处于欧美移民理论的话语体系之中。从移民的主权化和去主权化这个角度，可以考察主权对移民的身份构造过程，以及学术界关于移民身份设计的观念构造过程。根据主权权力构造和学术界的观念构造这个双重语境的构造过程，东南亚华人身份的流动性经历了一个从封闭型身份、过渡型身份到开放型身份的转化过程。其中，同化论、熔炉论这两个理论是用来描述在一个国家社会内部的封闭型身份的转化过程的；而多元论、离散论这两个理论是用来描述在一个国家社会内部发

---

① Gungwu Wang, *The Chinese Overseas: From Earthbound China to the Quest for Autonomy*, Cambridge, MA: Harvard University Press, 2002.

② ［新加坡］王赓武：《移民及其敌人》，选自王赓武：《王赓武自选集》，上海：上海教育出版社 2002 年版，第 159 ~ 187 页。

生而且趋向于同外部环境进行信息交换的过渡型身份的转换过程的；跨国主义、地区主义、全球主义这三个理论描述了跨越国界或者在区域层面乃至全球层面上发生的开放型身份流动过程。

（一）封闭型身份流动性

封闭型身份流动性包括两个理论：

（1）同化论，理论表达式为"A + B + C = A"，其中 A 代表主体族裔，B、C 代表少数族裔。该理论最初来自"归同盎格鲁论"，是一个建立在封闭型国家内部的理论模型，被认为是西方的"核心文化论"，居于美国社会与学术界的主流话语地位，具有种族主义特征，在 20 世纪 70 年代以前一直主导着美国的移民族裔政策。

（2）熔炉论，理论表达式为"A + B + C = D"，该模型说明各个族裔融合形成一个新的族裔（D），各个人种融合成一个新的人种（D）。熔炉论是同化论的美国案例。在 20 世纪 70 年代以前，东南亚学术界对华人的研究以同化论和熔炉论为主流话语，其中，又以英国学者斯金纳（G. W. Skinner）的《泰国华人社会：一种历史的分析》（1957）为代表作。[①] 在"二战"结束以后，东南亚各国由于受到西方同化论意识形态和同化政策的影响，纷纷采取了东南亚本土化的族裔政策。东南亚华人经历了以"东南亚倾向"为中心概念的强制同化政策的身份构造，包括马来西亚的新经济政策、菲律宾的"菲化"运动、泰国的"泰化"运动、缅甸的"缅化"运动、印度尼西亚的"印尼化"运动与越南的"越化"运动。

（二）过渡型身份流动性

过渡型身份流动性包括两个理论：

（1）多元论，理论表达式为"A + B + C = A + B + C"。20 世纪 70 年代以后，以多元文化主义为主要内容的多元论开始逐渐主导西方移民族裔的政策层面。多元文化主义的基本思想是确信和承认人种的丰富性、多样性及其价值。在政策层面上，多元主义文化政策抛弃了民族同化政策，主张在法律上

① 吴前进：《国家关系中的华侨华人和华族》，北京：新华出版社 2003 年版。本书采用的同化论、熔炉论、多元论三种理论表达式均参见该书。关于离散论、跨国主义、地区主义和全球主义的理论表达式由笔者给出，作为辅助说明。

和现实生活层面上承认各族裔的平等。关于多元论，王赓武认为，这种文化分割理论试图为全球化场景下的认同找到根据。[1] 20 世纪 70 年代以后，东南亚学术界接受西方多元文化主义的影响，同化论逐渐淡出，但是在政策层面上，多元论的政策效应还受限制。

（2）离散论，理论表达式为“$A+B+C=A+b+c$”（$b<B$，$c<C$），其中 b 和 c 代表少数族裔。这是一种描述处于离散状态、位于主流社会边缘的少数族裔的移民角色理论，是同化不成功或者不充分的副产品，体现为一种边缘化的少数族裔社区。对于海外研究者开始接受和使用“离散的华人社群”这样的概念，王赓武认为，“单一华人散居者”的概念已经不能涵盖华人的多样性事实。没有单一的华人散居者，但有许多不同类型的华人散居者。[2] 历史上由于西方列强殖民时期与东南亚国家本土化政策导致的华人种族经济论是这种边缘论的体现；而 20 世纪 40 年代以来东南亚华人边缘化后的再移民现象以及 20 世纪 80 年代以后来自中国的新移民在东南亚乃至全球层面上的流动体现了离散概念的扩展性含义。

（三）开放型身份流动性

开放型身份流动性包括三个理论：

（1）跨国主义，理论表达式为“$A+B+C=A+B'+C'$”（$B'>B$，$C'>C$），其中 B′和 C′代表跨越国界的同时参与祖籍国和居住国多个社会联系的少数移民族裔群体。20 世纪 90 年代初，美国人类学者琳达·贝丝（Linda Basch）、尼娜·戈里柯·席勒（Nina Glick Schiller）、克里斯蒂纳·桑东·布兰克（Cristina Szanton Blanc）在实证研究的基础上把跨国主义方法引入移民学研究领域，随后这种分析方法获得了调整和发展。[3] 该理论的前提是具有全球化背景的信息社会，移民的跨国社会联系构成一个综合性的跨国场域，移民可以同时参与多个国家的社会生活。东南亚华人在区域内、东南亚与欧美澳之间频繁地发生跨国流动，形成了再移民与回归移民现象，这使华人身份的不确定性增加。

---

① ［新加坡］王赓武：《再论海外华人的身份认同》，选自刘宏、黄坚立主编：《海外华人研究的大视野与新方向》，美国八方文化企业公司 2002 年版，第 97 ~ 118 页。

② ［新加坡］王赓武：《单一的华人散居者?》，《华侨华人历史研究》1999 年第 3 期。

③ 潮龙起：《移民史研究中的跨国主义理论》，《史学理论研究》2007 年第 3 期。

(2) 地区主义，理论表达式为“A + B + C = R”，其中 R（Regional Identity）代表移民的地区身份认同。历史上，移民总是表现为一个地区性现象。根据王赓武的观点，移民总是以地域作为一种认同的基础；华人网络则通过贸易把一个异质化的东南亚地区连接成为一个整体。地区主义研究中的地区性理论是瑞典学者赫特（Bjorn Hettne）提出的测量区域一体化或者地区化水平的一个概念①，移民可以作为一个测量地区性的元素。

(3) 全球主义，理论表达式为“A + B + C = G”，其中 G（Global Identity）代表了移民的全球性身份。王赓武对此进行了详尽的分析：首先，全球主义（globalism）与世界主义（worldism）不同。传统历史学家的世界主义关注的是控制了地域的部落、王国、帝国、国家的统治者，而不是移民本身之间的联系。传统的移民研究在总体上被置于地方史、国别史、地区史的框架之下，被置于国际性历史甚至相互依存的世界历史的框架之下，这是一种地理空间中的政治。全球主义关注的是一种世界全球化拓展了的空间，这种全球史关注的不是传统世界史关注的各种政治实体事件，而是探察更小群体之间的细微关系。其次，全球主义与普遍主义（universalism）也不同。普遍主义历史被看作全球主义历史抽象的和观念上的前身，因为二者都假定人类在时间和空间上相互关联。全球主义历史的新特征，一方面是指跨越国界甚至洲界的观念、共同信仰、价值以及标示人类同一性的各种特征；另一方面，其起点是在人和技术扩散导致地理空间上的常规联系变得可能和重要的时期，在这一点上，移民的流动趋势和格局有助于界定全球历史。② 另外，迈克尔·雅各布森（Michael Jacobsen）认为，东南亚华人身份用“落地生根的四海为家者”（cosmopolitanism）来定义更具解释功能，可以兼具地方性和跨国性两个方面的特点。四海为家者与世界主义者同义③，与全球主义分别是两个历史形态的词汇。

对东南亚华人身份流动性的分析包括表层形态、深层中心内核结构与观念构造过程三种流动分析视角。这种论述有一个欠缺的地方，即华人对象本体的缺位现象，这也是一种中心空洞化的坍塌现象；对象主体不在场，就失

---

① 赵银亮：《地区主义与东盟的制度变迁相关性分析》，《亚太经济》2006 年第 5 期。

② ［新加坡］王赓武：《移民及其敌人》，选自王赓武：《王赓武自选集》，上海：上海教育出版社 2002 年版，第 159 ~ 187 页。

③ ［丹麦］迈克尔·雅各布森著，薛学了译：《论东南亚华人的可商议身份及其国际联系》，《厦门大学学报》（哲学社会科学版）2006 年第 5 期。

去了话语表述权与价值定义权。正是因为这种身份流动性本体对象的缺失，才使得这种分析具有了一种不确定的质询功能，避免了向同一性概念技术性的过度收缩，词义转换构成的演绎链条不封闭，其整体关联度也不高；也正是借助于身份流动性这个断层或者片段的分割、链接，可以重新排列出一种具有可塑性的新结构，使华人身份问题领域得以保持一种差异性的扩散趋势，以符合华人身份维度不断递增的现实。

因此，本书在对东南亚华人身份流动性进行考察的基础上，进一步设置了两个观察视角：一是主权维度，在这个观察视角中，移民是作为主权权力身份构造的被动客体；二是移民主体维度，在这个观察视角中，移民以主权者的身份构造着政治运动，移民在这个身份构造的政治运动过程中通过契约工具实现转型并作为主动主体出现。

第二节　案例：沙捞越华人主权身份政治演变分析

主权身份政治是笔者在考察东南亚华人身份问题的过程中设定的一个概念，用以特指东南亚华人身份流动性过程中的东南亚华人与现代主权二者之间的互构。东南亚华人史是东南亚史的一部分，在东南亚历史形成过程中，华人同本地民族共同构造了东南亚同一性的地域、文化、经济和历史。在东南亚国家现代主权构造过程中，从纯粹理论上看，按照现代政治观念，华人应与当地族群一样具有同样平等的主权者构造主权的权力。但是，从现实政治实践来看，在东南亚现代主权构造的过程中，华人受到当地从殖民者历史中继承而来的种族主义政治的限制，在主权契约的现代政治构造中没有平等的构造权力。因此，在现代东南亚主权国家建立国家系统的过程中，东南亚华人一直处于一种种族身份政治构造的被动客体地位。东南亚华人在这种主权的政治构造过程中，一方面作为主权权力构造的客体对象，另一方面也利用契约工具如选举政治、华人政党和华团政治运动来占据作为主权构造者的主体地位。笔者把这种主权和移民二者之间互构的关系称为东南亚华人的主权身份政治。按照笔者考察的东南亚华人政治的案例，主权身份政治概念包括主权权力的构造、国家系统的构造、华人公民权权力的争取、华人代表权的设置，以及一些具体领域如华人语文政治、新经济政策、文化源流等方面的政治运动。在前文分析西马华人政治的案例中，对这种主权和移民二者之间的互动和互构关系已经有了一定的展示与说明，如在关于马来亚联合邦成立问题上的政治运动、争取华人公民权的政治运动、语文政治运动。

本节以田英成的一篇文献《砂劳越华人政治演变》① 作为案例来分析华人主权身份政治构造过程。在马来西亚主权国家建造的过程中，马来西亚各州均经历了相似的历史过程，而沙捞越州华人政治具有一定的独特性，因此，在此把这篇文献作为分析东南亚华人主权身份政治的一个案例材料。本节主要从沙捞越华人历史时期、"二战"后主权构造时期和马来西亚联合邦时期的沙捞越华人政治这三个阶段来进行考察。

一、早期沙捞越华人

根据田英成提供的资料，早期沙捞越华人史可以分为早期华侨时期、拉惹统治下的华人政治活动时期，以及中国政治时期。

（一）早期华侨时期

沙捞越位于婆罗洲西北部，总面积 124 449 平方千米，横跨赤道，位居东南亚地区的中心。中国史书所记的"婆利"或"婆罗"，即今之婆罗洲。唐代以后，史书皆称之为"渤泥"，也即今日之文莱（Brunei）或"婆罗"。中国官方史乘有关"婆利"之记载，以梁书（502—557 年）为最早。其后隋、唐代（618—907 年）之官方文献，对"婆利"也有所记迹，并言其曾于公元 517 年、522 年、616 年、630 年及 699 年先后多次入贡中国。渤泥屡遣使入贡中国，南宋史家赵汝括在其所著《诸蕃志》有描述。中国与南洋的接触，到了 15 世纪明永乐帝时最盛。在 1405 年郑和第一次远航之后，渤泥王麻那惹加那（Mavaja Kali）遣使入贡中国，这是渤泥在 1082 年之后首次有记录可寻的进贡。明史记此次进贡事有云："成祖为怀柔远人，特赐麻那惹加那'渤泥国王'之封号，并亲赠国书，附以印信。渤泥王甚喜，亲自于三年后偕同妻子及王子到中国朝贡。"麻那惹加那此次来华，未及回国，即客死异乡。明朝葬之以国礼，其墓在南京郊外之石子岗，至今仍存，即现今南京中华门外聚

① ［马来西亚］田英成：《砂劳越华人政治演变》，选自林水檺、何启良、何国忠、赖观福编：《马来西亚华人史新编（第二册）》，马来西亚中华大会堂总会，1998 年。

宝山所在地。清朝统治中国两百多年（1644—1911 年），清政府一直采取闭关锁国政策，直至第二次鸦片战争（1856—1860 年）清朝战败并于 1860 年签订《北京条约》后，才允许西人在华招工，打破了华工出国的禁令。华工出国改变了海外华人社会的整体结构。

（二）拉惹统治下的华人政治活动时期

在这个时期发生了一系列的政治事件：

（1）石隆门华工事件。1841 年，英国人詹姆斯·布洛克（James Brooke）占领了沙捞越，成立第一代的“白人拉惹”（White Rajahs）政权。在这之前，沙捞越是文莱的领土。詹姆斯·布洛克初期只是占领古晋及其邻近的地区，而后经过第二代拉惹查尔斯·布洛克（Charles Brooke）不断扩张领土，至 1905 年方据有林梦地区，完成现今的沙捞越版图。据统计，在 1840 年前后，石隆门地区有 4 000 名左右的华人，并成立了“石隆门公司”。1857 年 2 月，爆发了“石隆门华工事件”，这是拉惹统治沙捞越后华人最早的一次政治行动。1868 年，詹姆斯·布洛克的侄儿查尔斯·布洛克继位后开始采用怀柔政策。

（2）第二代拉惹时期的华族集体移民。这一时期，除了第一、二省有大量来自中国广东的移民外，第三省诗巫也有来自中国福州的集体移民。1901 年，黄乃裳与拉惹签订了诗巫垦场契约，引进了千余名华侨农工，这批农工多来自闽北的闽清、古田与长乐等县。随后粤籍农工邓恭叔率领其同乡，以及福建兴化府的农工抵达拉让江流域一带开辟新垦场，第三省的面貌迅速改变。此时，华侨的效忠对象是中国。

（三）中国政治时期

（1）华人对辛亥革命的反应。辛亥革命发起后，沙捞越华社涌现出许多支持辛亥革命的组织。1909 年在古晋成立的启明社（Kai Ming Sia）与日新书报社就是这一类型的组织。1907 年新加坡出版的《中兴日报》及革命书籍乃是书报社主要供应的读物。启明社曾出版两期会刊，稍后拉惹认为这个组织不利于沙捞越华人社会而将之关闭。

（2）华族热烈支援中国抗日运动。1937 年，沙捞越成立“筹赈会”，在沙捞越古晋出版了《古晋新闻日刊》与《沙捞越日报》（1937），以及在诗巫出版了《诗巫新闻日刊》（1939）与《华侨日报》（1940）。华人还通过各种游艺会或其他方式募捐。例如，在诗巫成立的“诗华合唱团”，自1940年5月到7月，在各地上演三十余场次，所募款达45 000元叻币。至于沙捞越各地筹赈数目，1938年10月南侨大会各地代表口头报告如下：“古晋：义捐国币300 000元叻币，公债150 000元叻币；诗巫：义捐国币300 000元叻币；美里：60 091元叻币。”沙捞越回国青年机工第一批3人，自1939年5月由古晋到新加坡，经西贡、河内到昆明；第二批20人，第三批53人，共计70多人回中国参加陆上运输工作。1945年8月，日本战败投降，沙捞越的华族青年随即开展“爱国运动”并出版报章进行宣传。

二、“二战”后沙捞越华人的主权身份政治运动

根据田英成提供的资料，这个时期发生了以下政治事件：

（1）对让渡事件的冷漠反应。“二战”后，布洛克家族无力重建沙捞越，沙捞越于1946年由英国保护国让渡成为英国殖民地。让渡事件引起马来族的激烈反抗。但华人对让渡的反应冷淡，这是侨民意识使然。

（2）国家认同的转变。“二战”后以迄20世纪50年代初期，沙捞越华人仍然以“华侨”自居。1955年，周恩来总理在印尼万隆亚非会议上，针对华侨双重国籍问题，强调中国尊重当地法律，华侨应该成为当地公民。这就在理论上决定了华族效忠对象问题，使沙捞越华人在认同上起了重大转变，在理论上认同自己是居留地公民。

（3）政党政治。1959年6月4日，人民联合党（简称“人联党”）成立，开创了沙捞越政党政治的先河。人联党是一个走多元种族路线的政党，但基本上还是以华裔为基础。人联党在“建党宣言”中揭示其成立宗旨：“循宪制方式争取沙捞越独立，建立议会民主的政府，改善劳动者和经济落后者的经济状况以及维持各民族和谐团结。”人联党很快发展成为沙捞越最大的政党，到1962年9月，该党已成立18个支部及34个分部，党员从1959年的3 627人增加到1962年的40 400人。英殖民政府感到不安，因此在1961年11月2日在立法议会上通过“居住地限制法令”，人联党于是展开了全州性的集会，反对这个法令。1962年7月，沙捞越华人公会（Sarawak Chinese Association，即SCA，简称“沙华公会”）成立。这是一个华人资本家领导的政党，它采取

亲殖民政府的政策，并且支持马来西亚成立的计划。沙华公会基本上与华人群众脱节，1970 年沙捞越联合政府成立后，它便于 1974 年宣告解散。

三、马来西亚联合邦时期的沙捞越华人主权身份政治运动

根据田英成提供的资料，这个时期发生了一些值得关注的政治事件：

（1）马来西亚联合邦计划的提出及其引发的反响。1961 年 5 月，马来亚联邦首相东姑阿都拉曼建议由马来亚、新加坡、沙捞越、沙巴及文莱组成马来西亚，这就是马来西亚联合邦计划的提出。人联党很快就表态反对该项计划，因其首要目标是争取沙捞越的自治和独立。1962 年 2 月 19 日，葛波德民意调查团抵达古晋，人联党发动了一个群众集会，人数逾 12 000 人，反对大马的组成。英殖民政府于是展开了逮捕行动。1962 年 8 月中旬，葛波德民意调查团报告书公布，结论是：赞成加入大马的沙捞越人民比反对加入大马者多。然而人联党仍然反对大马计划，并且组成访问联合国代表团，但代表团向联合国申诉的计划也没有成功。人联党所持的反大马立场主要基于这是英国的一项阴谋。英国坚持要马来西亚接管华族人口占大多数的新加坡，而马来西亚要以土著占多数的婆罗洲三邦来抵消民族的不平衡。婆罗洲三邦的国家主义者对此都表示不满。而沙捞越一百多年来是一个有自己的人民和特征的政治单位，因此不愿意同其他国家合并，除非得到大多数人民的同意。1963 年 4 月至 6 月 23 日，沙捞越举行全国性普选。这一时期已有多个土著政党成立，它们基本上都支持大马的组织，反大马的政党只有人联党，而人联党的支持力量主要来自中下层群众。马来西亚原定于 1963 年 8 月 31 日成立，后由于反大马情绪仍强烈，因此改到 9 月 16 日。其成员原本包括文莱，后由于文莱政府及人民的反对，结果是马来半岛、新加坡、沙捞越及沙巴组成马来西亚。

（2）华人陷入困境。在马来西亚组建过程中，甚至当大马已经组成之后，沙捞越华人基本上仍持反对立场，并且通过人联党表达他们的意愿。这一时期沙共地下组织已展开武装斗争，目标是争取沙捞越的独立。由于联盟政府不断展开逮捕行动，部分华人认为宪制斗争已经失去意义，转而支持沙共的武装斗争。华人群众开始考虑是否继续反对已经实际存在的马来西亚，以及对待共产组织的态度问题。这使人联党陷入一个政治困境。

（3）华人的选举政治。虽然马来西亚的组成已是事实，但沙捞越的华人社会与马来半岛的华人社会对大马的认同仍有一定的顾虑。而人联党明显的反大马立场则影响了整个华人社会的倾向。这种情形一直持续到1969年的全国大选。这次大选，西马投票日是5月10日，沙巴是5月10日至25日，沙捞越是5月10日至6月7日。西马5月10日投票顺利，联盟赢得104席中的66席，占总票数之49.9%；反对党则共获37席，占总票数之50.9%。这种情形导致了种族两极化和“五一三”种族暴动事件的发生，国会民主受到挫折。沙捞越的选举因此受到影响，由当时以副首相敦阿都拉萨为首的国家行动理事会掌管军权。国内局势到1970年4月才逐步改善，沙捞越的州选举得以继续进行。7月5日大选结果揭晓，没有一个政党可以独立组织政府。人联党因此受邀入阁。这是华人参与执政的开始。沙捞越联合政府于1970年7月7日组成，这个由土著党、人联党及保守党组成的联合政府，基本上代表了沙州各个族群。人联党在参与联合政府之后发表一份声明，表明这是为了维护沙捞越多元种族社会的利益与和平稳定，并且强调不会改变有益于国家和人民事业的坚定立场，并将设法解决土地、政治拘留者及新村管制区的问题。人联党参与政府之后，经过一段时间的努力，大部分政治拘留者获得释放，新村管制区解严。更重要的是，沙共地下组织与政府达成协议，大部分成员放弃武装斗争，重投社会，为沙捞越带来一个和平局面。1978年，民主行动党在沙捞越设立支部，该党与人联党一样是标榜多元种族的政党，却是一个以华人为基础的政党，填补了沙捞越反对党政治之真空。就沙捞越的情况来说，华族人口现时占总人口的29%左右，但从历年的人口统计来看已出现下降的趋势。由于选区划分的不公平，华族在议会中的代表力量将会逐渐被削弱。大马国州选区的划分，并不以选民人口多寡来分配议席，因此造成了城市——华人集中的选区有时逾5万人才能选一个国会议员，但一些土著区1万多或者2万人就可选出一个国会议员，州议席也是如此。①

田英成对沙捞越华人政治作了如下分析：①早期沙捞越华人最重要的目标是谋生。早期“华侨”不参与居留地政治的发展，忠诚的对象是中国。②“二战”后，东南亚国家出现反帝反殖的“去殖民化”政治斗争，争取国家的独立自主权。沙捞越华人认同观念出现转变，确定本身不再是侨民，而

① ［马来西亚］田英成：《砂劳越华人政治演变》，选自林水檺、何启良、何国忠、赖观福编：《马来西亚华人史新编（第二册）》，马来西亚中华大会堂总会，1998年，第187～210页。

是当地的公民。虽然现在沙捞越华人已确认是马来西亚公民，但由于中央政府政策上的偏差，往往忽视了沙捞越华人州民的利益，使其产生了反联邦的意识。③自大马计划提出以迄 1970 年，沙捞越华人面临参与选举政治或参与沙共武装斗争的选择。1973 年 10 月开始的“斯里阿曼行动”，成功让将近 600 名武装分子放下武器重返社会，直到 1990 年沙共最后一批共 40 多名武装人员走出森林，从而结束了华人的武装斗争。④1970 年的大选，人联党参与组织联合政府，华人在政治意识上有所归趋。⑤沙捞越拥有一个多元种族的社会结构，华族作为人口第二多的族裔，它在政治与经济上的重大影响是永远存在的。沙捞越的多元种族组合成为今后政党政治的模式。①

总而言之，沙捞越华人政治包括这几个阶段：①早期华侨时期，华人的目标是谋生；②“二战”后“去殖民化”的主权构造时期既是华人认同转型时期，也是华人身份政治构造时期，华人身份政治完成了从侨民到公民、从华侨到华人的转变；③马来西亚联合邦时期，华人政党实行“两线政治”，华人执政党和华人反对党共同参政。华人认同转型时期既是华人身份政治构造时期，也是华人以主权权力拥有者的主体身份构造现代主权的时期。

华人这种主权构造权力体现在这几个政治事件上：首先是对沙捞越从英国保护国向殖民地地位让渡事件的意见，华人上层社会同意，华人中下层社会漠视。其次是对马来西亚联合邦成立的意见，华人认为沙捞越的国家形式具有独特的历史传统、认同的地域、固定的人口组成和政治特征，沙捞越主权国家的构造需要大多数沙捞越人民的同意，并实行两种不同的政治路线：华人政党的宪制斗争路线和沙共的武装斗争路线。最后，华人政党宪制选举的政治路线成为一种现实选择。与马来半岛的华人政治相比，沙捞越华人政治对土著政治的依附性不显著，并在沙捞越政治中起着关键的平衡权力的作用。这种平衡权力的作用能使华人在进行自身身份政治构造的过程中处于权力主体的位置，也使华人可以有效运用选举政治这个契约工具实现自身的身份政治构造过程。因此，本书把沙捞越华人实行主权身份政治构造的这个阶段也称为契约性的主权身份政治阶段。

---

① ［马来西亚］田英成：《砂劳越华人政治演变》，选自林水檺、何启良、何国忠、赖观福编：《马来西亚华人史新编（第二册）》，马来西亚中华大会堂总会，1998 年，第 211 页。

第四章　东南亚华人公民权身份政治

在考察马来西亚华人政治的案例中，华人争取公民权的身份政治一直是华人政治的主要议题之一。从西马独立前关于公民权的政治运动，到主权权力构造国家系统的政治运动，一直到主权国家建立后的公民权政治运动，形成了一个公民权身份构造的政治运动链条。本书所界定的公民权身份政治概念，是指东南亚华人在身份构造过程中，按照现代政治理论和实践，争取现代公民社会意义上的公民权身份政治运动，包括政治领域中的代表权、选举权、宪制权和其他非种族主义的平等的公民权利；这种公民权利分布在国家系统的各个领域之中，以保证在社会和政治资源再分配的过程中，华人是以一种现代公民身份，而不是以一种种族身份来平等地拥有这些权利。苏格拉底曾经提到：政治同意是公民身份的充分条件。① 政治同意是一种政治契约，是获得公民身份的工具形式。本书把这种争取公民权身份的政治运动称为公民权身份政治，同时，由于这种身份构造运动是以同意作为基础的通过契约工具而获得的身份构造的政治权力，因此，也可称之为一种契约性的公民权身份政治。

第一节　公民权身份政治：从身份到契约

梅因命题中的“身份”是一种限定了的历史结构性权力规定的被动客体，这种身份定义是一种纯粹理论意义上的含义；而本书中探讨的“身份”一词是在宽泛的意义上来定义的，指迄今为止在不同时态的社会中都存在的某种历时性对应物的同一性属性。本书中“身份”一词是一种身份政治概念中的身份，即构造身份的政治运动。在本节探讨的公民权身份政治这个概念中，

---

① ［英］戴维·鲍彻、保罗·凯利：《社会契约论及其批评者》，选自［英］迈克尔·莱斯诺夫等编，刘训练等译：《社会契约论》，南京：江苏人民出版社2005年版，第424页。

如果梅因命题成立，那么本书设定的“身份”是一种种族身份，“契约”是一种“同意”的公民身份。在这个限定的意义上，梅因命题成立，即“从身份到契约”这个命题成立，那么本书就可以将其解释为一种“从种族身份到公民身份”的政治运动。

一、从马来亚华侨到马来西亚公民

曹云华有一篇名为“从马来西亚华侨到马来西亚公民”的文献①，与本书所要探讨的命题契合，此处以这篇文献作为探讨材料。曹云华在分析华人从华侨身份到公民身份的转变过程中，认为有两个因素在华人认同转变中起到了作用：一是当时马华公会上层和华人知识分子在主权独立与争取华人公民权方面的积极作用，二是1955年中国在印度尼西亚万隆亚非会议上宣布放弃双重国籍的立场。② 曹云华认为，“二战”后初期华人争取公民权面临三种阻碍势力，分别是英殖民者、狭隘的马来民族主义者和狭隘的华人民族主义者。最终，马华公会和华人精英发动与领导华人社会在争取公民权问题上的斗争，导致1957年的独立新宪法放宽了申请公民权的限制，规定在独立后一年内，所有在马来亚居住多年以及在马来亚出生的移民及其后裔，可在不需要参加语言考试的情况下经过宣誓申请成为公民。③

通过曹云华对华人从华侨到公民的政治转变的分析可以推出，华人从华侨到公民的转变过程是一种身份政治的转换过程，主权权力是支配性力量，华人是被动客体。华人通过争取公民权的政治运动，运用构造新宪法这种契约工具，实现了华人自身的身份构造政治运动。因此，本书把这种通过宪法构造争取公民权的政治运动称为契约性的公民权身份政治。

---

① 曹云华：《战后新生代华人的政治认同》，选自曹云华、许梅、邓仕超著：《东南亚华人的政治参与》，北京：中国华侨出版社2004年版，第43～50页。

② 曹云华：《战后新生代华人的政治认同》，选自曹云华、许梅、邓仕超著：《东南亚华人的政治参与》，北京：中国华侨出版社2004年版，第44页。

③ 曹云华：《战后新生代华人的政治认同》，选自曹云华、许梅、邓仕超著：《东南亚华人的政治参与》，北京：中国华侨出版社2004年版，第45页。

二、马来西亚华人的公民政治

本书把许梅的《马来西亚华人的政治参与》作为案例材料来分析马来西亚华人的公民政治这个问题。许梅认为战前马来西亚华人的政治活动表现在既反抗殖民者的压迫，又参与中国政治。独立前后马来西亚华人从选择双重国籍到认同本地，实现从华侨到公民的身份转换，这一过程经历了两个主要的政治事件，分别是1957年8月31日联合邦成立后《马来亚联合邦宪法》的实施，以及1957年11月马华公会和马华社团发动的一场全国性的申请公民权的政治运动。独立后的华人行使公民权的方式包括通过选举政治的方式直接参与政治活动；通过华人执政党和华人反对党参与政治活动；通过华人社团组织参与政治活动。制约马来西亚华人政治发展的因素主要有马来西亚种族性政党政治的制约，马来人优先的种族政治传统、马来人特权宪法地位以及选区制度，以及华人政治自身不符合现代的政治观念与实践的不成熟和不确定。①

通过许梅的分析可以看出，从契约政治这个视角看，马来西亚华人公民权的确立以1957年《马来亚联合邦宪法》为标志；从政治实践角度看，马来西亚华人争取公民权行动阶段任务的完成表现为1957年一场全国性的申请公民权的政治运动的开展；从公民权作为效用工具这个角度看，公民权的行使方式包括直接选举方式、华人政党（执政党和反对党）方式和华人社团组织方式；从公民权的内外环境来看，种族政治限制和华人政治的不确定性因素是制约性的外环境和内环境。因此，本书把华人这种关于公民权的身份构造的政治活动定义为公民权身份政治。由于华人公民权的获得是以宪法的方式完成的，从契约政治这个角度看，也可被称为一种契约性的公民权身份政治。

① 许梅：《马来西亚华人的政治参与》，选自曹云华、许梅、邓仕超著：《东南亚华人的政治参与》，北京：中国华侨出版社2004年版，第99～148页。

第二节　案例：沙巴华人公民权身份政治演变分析

本节以詹运豪的一篇文献《沙巴华人政治演变》[①] 作为分析东南亚华人公民权身份政治的案例材料。沙巴华人的政治演变也是按照东南亚华人政治演变的一般过程进行的，但具有独特的政治特征。

沙巴政治演变包括两个阶段：一是殖民政府统治时期（1945—1963 年），也是沙巴“去殖民化”的政治运动和主权独立时期，其间发生了马来西亚计划和二十点协议等重要政治事件；二是马来西亚时期，其中又可划分为卡达山统治时期（1963—1965 年），伊斯兰教徒统治时期（1967—1985 年）和卡达山统治时期（1985—1994 年）。1994 年后，又恢复为伊斯兰教徒统治时期。

沙巴华人政治演变也包括两个阶段：一是“去殖民化”的独立时期（1945—1963 年），这是华人确定新身份的阶段，即华人实行身份构造的政治运动时期；二是马来西亚时期，这是华人实行公民权身份政治时期，在这个时期，华人通过选举政治、华人政党和华团组织来进行公民权政治的身份构造运动，由于这是以一种契约政治的形式进行的，因此，本书也把它界定为契约性的公民权身份政治。

一、1946—1963 年间的政治发展：寻求新身份

根据詹运豪提供的资料，这一时期沙巴华人政治事件演变如下：

（1）族群构成和政治集团。沙巴是马来西亚的一个大州，位于婆罗洲北部，占地约 74 000 平方千米。它与另一个位于婆罗洲上的沙捞越州统称为东马。沙巴共有 150 万人口，却包含了 38 个以上的民族。根据人口普查，卡达山—杜顺族大约占总人口的 1/4，巴爪人大约也占总人口的 1/4，华人占比排位第三，接下来是马来人和姆鲁人。其他少数民族还有文莱人、苏禄人、南诺人等。詹运豪认为，可以把全部人口大体划分为三部分：40% 的穆斯林土著、40% 的非穆斯林土著和 20% 的非马来人（如华人和其他非土生的人）。

① ［马来西亚］詹运豪：《沙巴华人政治演变》，选自林水檺、何启良、何国忠、赖观福编：《马来西亚华人史新编（第二册）》，马来西亚中华大会堂总会，1998 年。

穆斯林土著包括土著、苏禄（Suluk）、文莱、马来、蒂东、焦焦斯、依达和武吉斯人；非穆斯林土著包括卡达山—杜顺、姆鲁、伦古斯、南诺、水上民族和其他少数民族。沙巴州的政治状况和沙捞越一样，是由三大政治集团——穆斯林土著、非穆斯林土著以及华人来决定的。沙巴也同沙捞越一样，其政治建立在木材采伐以及各种商业的基础之上，主要是以金钱为动力的。在1946年到1963年这段时期，行政议会（内阁）中代表不同种族的议员增多，有更多的当地人进入行政议会。1950年颁布新宪法，通过选举成立了一个行政议会（内阁）与一个立法议会。

（2）马来西亚计划和二十点协议。1961年5月，东姑阿都拉曼提议建立一个包括马来亚、新加坡、沙捞越、文莱和沙巴的联邦国家。联合邦成功地合并了新加坡、沙巴和沙捞越，但由于英国施加压力，文莱没能加入。来自马来亚、新加坡、沙巴和沙捞越赞成马来西亚计划的政治家们成立以唐纳·史蒂芬斯为主席的马来西亚团结咨询理事会（Malaysian Solidarity Consultative Council，简称MSCC），旨在争取对建立马来西亚提议的支持。1961年11月23日，英国政府与马来亚政府发表了一个联合声明，宣布所提议的马来西亚联合邦是可行的，并且将成立一个委员会专门调查沙捞越和沙巴人民的意向。该委员会于1962年6月中旬发表了报告，结论是沙巴、沙捞越的1/3人口无条件赞成成立马来西亚联合邦，1/3赞成在一定条件下成立，另外1/3反对。1962年8月，英国政府与马来亚政府决定成立一个政府级委员会（Inter-Government Committee，简称IGC），该委员会和来自沙巴、沙捞越的代表一起为联合邦内婆罗洲州属拟定宪法保障条款，并为此举行了二十次会议，四个月后完成报告。该保障条款称为“二十点协议”，其主要特点为：①不反对伊斯兰教作为马来西亚的国教，但沙巴和沙捞越没有官方宗教；马来西亚现行宪法中有关伊斯兰教的条款不适用于沙巴和沙捞越。②移民控制权授予沙巴、沙捞越的州政府。③尽管英国官员仍可在政府机构服务，但要尽快培养合适的当地人以取代英国人的位置。④联合邦政府未经沙巴、沙捞越州政府的同意不能对二十点协议的保障条款作出补充或修改。⑤沙巴和沙捞越无权脱离联合邦。⑥沙巴、沙捞越土著享有与马来土著同样的“特权”。⑦在财政事务上，沙巴、沙捞越拥有高度的自主权。这两州将保留其对本身财政、发展开支与关税的控制权。虽然严格来说，二十点协议不具有正式的法律地位，但它成了沙巴、沙捞越在马来西亚联合邦内保持自治的象征。

（3）各种族政党的成立。沙巴的第一个政党直到1961年8月才出现。这些政党的出现是对东姑阿都拉曼提出的“大马来西亚计划”作出的一个侧面反应。沙巴政党包括如下几个：

①UPKO。UPKO是由UNKO（United National Kadazan Organization）与PM（Pasok Momogun）这两个政党合并所组成的政党。UNKO是沙巴的第一个政党，中文名为“全国卡达山统一机构”。该党于1961年8月1日成立，由唐纳·史蒂芬斯领导，他是木材业巨头，同时又拥有具广泛影响力的报纸《北婆罗洲新闻》和《沙巴时报》。他曾成功发起一场运动并且合法地将该州的名字从“北婆罗洲”改为“沙巴州”。史蒂芬斯的坚实后盾是他创办的旨在团结所有卡达山—杜顺人的卡达山协会，卡达山人都称他为至高无上的领袖（Huguan Siou）。UNKO受罗马天主教徒的控制。PM中文名为“巴索摩摩根党”，于1962年1月成立。它由G. S. 桑当（G. S. Sundang）领导。桑当是一位杰出的姆鲁人领袖，他曾是UNKO的副主席。1964年6月马来西亚联合邦成立近一年后，PM加入UNKO，巴索摩摩根党和全国卡达山统一机构合并后取了一个新名字——UPKO（United Pasok-Momogun Kadazan Organization）。

②沙巴国家统一机构（United Sabah National Organization），简称“沙统（USNO）”。它是沙巴第二大政党，由伊斯兰教徒主控。沙统成立于1961年12月，由莫斯达化·哈仑（Mustapha Harun）领导。莫斯达化是一个苏禄伊斯兰教徒。尽管沙统声称该党宗旨在于保护沙巴土著，代表他们的利益，但实际上，该党由当地伊斯兰教徒控制。

③华人政党。在“二战”前，沙巴华人政治主要与中国相关，而地方政治则集中在宗族社团及文化团体上。在这些宗族社团中，被称为“中国商人”（头家、老板）的有钱人，由于经常资助宗族社团的活动从而控制了政治局势。而且这些商人通常还是宗族社团所创办的华人学校的主要赞助人，其中许多又是北婆罗洲中华总商会（North Borneo United Chinese Chamber of Commerce，简称NBUCCC）的成员，这是一个负责选举立法议会中代表华社的候选人的机构。邱锡洲、关昭明和魏亚贵在山打根创办了团结党（United Party，简称UP），其执委会的成员一半来自山打根。后来团结党变成了只有华人成员的社会党。成立于1962年2月的北婆罗洲民主党（North Borneo Democratic Party，简称NBDP）则主要由小头家和专业人士组成。这些头家中大部分是批发商和零售商。该党的一个创立者彼得·陈是在当地出生的客家人。NBDP的

目标是与文莱和沙捞越结成联合邦。他们只愿意在联合邦成立后才讨论马来西亚的问题。1962 年 10 月，团结党和 NBDP 合并成了北婆罗洲国家党（Borneo Utara National Party，简称 BUNAP），当北婆罗洲更名成沙巴时，该党就改称为沙巴国家党（Sabah National Party，简称 SANAP）。SANAP 这个名称一直保持到 1965 年中旬，后沙巴国家党又并入沙巴华人公会（Sabah Chinese Association，简称 SCA）。沙华本来只是一个社会福利组织，之后其组织模式就模仿以马来半岛为基地的马华公会，成为一个不容忽视的华人政党。

二、马来西亚时期的政治状况：公民权身份政治

根据詹运豪提供的资料，这一时期华人经历了一系列政治事件：

（1）1962 年的选举。1962 年 12 月举行了第一次选举，选举采用复选制：首先进行地方和市议会选举，然后由选出的议员组成选出团选举州议员和国会议员。1962 年 11 月，为了在选举中占有优势，所有的政党均同意采取马来半岛政党联合起来的模式，于是沙巴联盟诞生了。尽管各方都郑重声明“政治不牵涉种族问题”，但是事实上各政党都在考虑争取自己种族的选民。沙统争取伊斯兰教徒的支持，UNKO 争取卡达山人的支持，PM 则争取土著的非卡达山人的支持，因此，SCA 只选华人为候选者，沙统的候选人几乎都是伊斯兰教徒，而 UNKO 的候选人绝大多数都是卡达山人或卡达山和华人的混血儿。州议会选举于 1964 年 4 月举行，这次沙巴联盟内部未出现斗争，所有政党都一致同意候选人的分配，该分配结果使沙巴州议会的结构发生了变化。沙统依旧保持第一大党的地位，争得 15 个席位；合并后的 UPKO 拥有 12 个席位；沙华有 9 个；新成立的沙巴印度国大党获得了 1 个官委席位（沙巴宪法允许 6 个官委议员进入州议会）。

（2）1967 年的选举：莫斯达化的崛起。1967 年 4 月，在沙巴的第一次直接选举中，沙统和沙华联合击败了 UPKO。这三个政党都在沙巴联盟内，但只有沙统和沙华两党之间采取合作方式。这次投票带有明显的种族宗教的烙印。虽然 UPKO 和沙统两党都标榜自己代表马来人，但穆斯林土著与非穆斯林土著之间界线分明。沙统的选票来自伊斯兰教徒聚集的海岸地区，UPKO 则在所有的内陆卡达山非伊斯兰教徒地区获胜，而沙华的选民则都在城市地区。组织政府需要在议会 32 个席位（不包括 6 个指定席位）中获得 17 个席位。选

举结果出来后，沙华领袖们认识到他们成了决定谁执掌政府的关键。1967 年 12 月 9 日，史蒂芬斯召开了 UPKO 党内最后一次大会，会上他声称以土著团结为重，解散 UPKO。

（3）1967—1975 年莫斯达化的统治。UPKO 解散后，华人在政治斗争中失去了一个重要的制衡砝码。莫斯达化执政后的第一个举措就是将沙巴伊斯兰教化，但是 1974 年莫斯达化与联邦政府之间的关系开始紧张了。莫斯达化是出生在南菲律宾群岛的苏禄人，他公开支持摩洛国家解放阵线（Moro National Liberation Front，简称 MNLF）。由伊斯兰教徒组成的 MNLF 当时正与马尼拉政府交战寻求独立，莫斯达化的举动与联邦政府全权处理外交事务这一基准发生了直接冲突。对于华社（及非穆斯林土著）来说，他们面临的最大威胁就是莫斯达化强迫他们皈依伊斯兰教。尽管莫斯达化的主要攻击目标是基督教团体，但华人庙宇也同样受到了压力，连同中文和中华文化也面临危机。

（4）1976 年的选举。联邦政府担心莫斯达化会执行其脱离马来西亚的计划，于是立即制订计划剥夺其权力。在联邦政府的公开支持下，沙统副主席哈里斯·沙烈（Harris Salleh）领导的沙巴人民党（Parti Bersatu Rakyat Jelata Sabah）成立了。沙巴人民党最大的特点就是它是一个真正的多元种族政党，该党成员没有种族要求，还采取种种措施使各主要种族进入党内最高权力中心。选举定在 1975 年 4 月，竞选期持续了 10 天。华人是人民党和沙统两党的争夺对象，有 8 个城市选区中华人选民占绝大多数，人民党把它的胜利归功于华人社区，选举前的统计得到证实：莫斯达化赢得伊斯兰教徒的选票，人民党出于史蒂芬斯的缘故赢得卡达山—杜顺人的选票，人民党赢得非伊斯兰教徒华人的选票成为决定因素。

（5）人民党第一执政期（1976—1981 年）。自 1976 年人民党胜利以来，盘踞在半岛的民主行动党（DAP）开始在沙巴崛起。1978 年 5 月 30 日，另一支华人政党即沙巴联合中华党（SUCP）在沙巴成立。1978 年 7 月州议会选举时，有两件事情使得华社对国阵不满。首先是教育问题。反对党列举独立大学提案一事，认为反对华人建立自己的大学就是违背了基本人权。新经济政策还严格禁止华人进入官办福利机构。其次与经济有关。新经济政策和工业协调法令在所有社会和经济领域都为土著划分了固定的份额，此举对华社产生了消极影响，人们普遍认为这是专门针对华社而设立的。这两个问题使得民主行动党赢得了山打根的州议席。1980 年 1 月 21 日，沙巴联合中华党解散并融入沙巴中华统一党（SCCP），沙巴中华统一党本身不是一个新政党，而是沙华在与沙巴联合中华党结合后更名而成的。人民党决定于 1981 年进行选举，并赢得了 48 个席位中的 44 个。

（6）人民党第二执政期（1981—1985 年）。有两件事迫使哈里斯和人民党交出了政权，一件是 1984 年哈里斯决定把纳闽岛的管理权割让给联邦政府，另一件是卡达山民族主义的产生。卡达山—杜顺是沙巴最大的少数民族族群。卡达山社团目前面临三个问题亟须解决：伊斯兰教教义的扩张，在内政事务上受到歧视、被贴上“土著”的标签以及菲律宾伊斯兰教徒的涌入。卡达山一名年轻的内阁部长——拜林·吉汀岸（Joseph Pairin Kitingan）在州内阁会议上提出建议：菲律宾伊斯兰教徒必须强制遣返；沙巴政府应对各宗教活动给予财政资助；州财政预算应给教会工作拨款。拜林申请注册成立以卡达山人为基础的新党——沙巴团结党（Parti Bersatu Sabah，简称 PBS），并于 1985 年 3 月 5 日获得通过。该党选举路线非常明确：沙统代表伊斯兰教徒，团结党代表卡达山人、非伊斯兰教徒和人民党中间路线。选举被描绘成伊斯兰教徒和非伊斯兰教徒之间的一场斗争，如果要在沙巴获得政权，至少要获得沙巴政局中重要的政治集团（穆斯林土著、非穆斯林土著以及华人）中两个的支持，因此华人立刻成了拜林和哈里斯争夺的焦点。团结党之所以能获胜，是因为其几乎赢得了所有卡达山人和华人选民的支持。选举结果标志着人民党政治生命的结束。

（7）团结党执政期（1985—1994 年）。团结党在 1985 年州选举中的支持率由 34.8% 上升至 52.4%。在 1990 年 7 月的州选举中，团结党再次获得几乎所有非伊斯兰教徒和华人社团的支持，又一次赢得选举的胜利，获得 48 个席位中的 36 个，以及 53.92% 的选民支持。在 1990 年 10 月全国普选的前几天，团结党脱离了国阵，改为支持马哈迪的主要对手东姑拉沙里，这一举动证实了团结党和巫统之间的不稳定关系。从此哥打京那峇鲁和吉隆坡的关系迅速恶化，联邦政府开始忽略沙巴。自 1990 年后，沙巴的经济增长持续低于国家平均经济增长率。当地人称沙巴的经济病为“政治性衰退”。尽管华人社群中的大多数人都支持团结党，但是商界对团结党感到担忧。他们意识到沙巴经济的健康发展要部分依赖于联邦的经济政策。1994 年初，拜林决定进行另外一次选举，团结党竞选的主题依然是“沙巴人的沙巴”，以地域感情和“州权”为诉求，即对联邦政府明确的责权。国阵的理念是“一个新沙巴”，宣称国阵自己有策略使沙巴重新发展。为了寻求非马来人和伊斯兰教徒选民的支持，马哈迪还宣布，如果国阵当政，沙巴首席部长一职将每两年由马来伊斯兰教徒、卡达山非伊斯兰教徒和华人领袖进行轮换。选举结果为团结党赢得25个席位，其余23席被国阵夺走（巫统18席、沙巴进步党3席、LDP 1席、AKAR 1席）。在436 448张选票中，团结党赢得215 952张（占49.48%），国阵赢得201 374张（占46.14%）。选举结果按照制定好的种族路线，团结党赢得15个卡达山非伊斯兰教徒选区席位，巫统赢得了所有18个伊斯兰教徒选区席位。华人选民被沙巴进步党分化，7个华人选区由团结党和国阵各得一部分，团结党赢得4个，国阵赢得3个。现在马来西亚首相在沙巴州首席部长的选举上有最终发言权。沙巴现在和其他半岛州属一样，州首领是由首相选定的。沙捞越现在是马来西亚联合邦中唯一一个仍有权选举自己州首领的州。①

从詹运豪的文献中可以看出，沙巴华人政治可以划分为五个阶段，包括殖民政府统治时期（1945—1963年）、卡达山统治时期（1963—1965年）、伊斯兰教徒统治时期（1967—1985年）、卡达山统治时期（1985—1994）、伊斯兰教徒统治时期（1994年后）。沙巴华人政治的形成受以下几个环境因素的影响：第一，沙巴人口成分的多样化。这意味着自1963年以来占12%人口的华人通过各政党已经可以不同程度地起到左右选举和平衡权力的作用。在沙巴赢得政权必须与三个著名的政治集团（穆斯林土著、非穆斯林土著和华人）建立联盟。第二，沙巴的地理位置使得沙巴人——包括沙巴的华人有一种强烈的地方主义或乡土意识。第三，沙巴华人对全国日益增强的屈从于马来和伊斯兰教政治霸权的倾向感到担忧。沙巴华人选民在州统治联盟中总是支持沙巴本土的政党，以确保他们较马来半岛的同伴而言所处的相对优势地位不再受到侵害。此外，沙巴的华人政治还有一定的特点：①早期的华人政治领袖几乎都是林木产业业主，他们实行金钱政治。20世纪70年代中期，沙巴华人社团中出现了一群政治精英。②华人社会没有被政党关系所束缚。华人可以支持任何政党，只要他们能最好地代表华人的利益。③沙巴的华人社团也积极支持非华人的政党。在1976年和1981年的选举中，华人选民都转向支

① ［马来西亚］詹运豪：《沙巴华人政治演变》，选自林水檺、何启良、何国忠、赖观福编：《马来西亚华人史新编（第二册）》，马来西亚中华大会堂总会，1998年，第127～174页。

持伊斯兰教徒领导的人民党；在 1985 年和 1990 年的选举中，华人社团又完全倒向支持卡达山的团结党。④沙巴华人在马来西亚的政治体制中作用独特，尽管他们只占人口的 1/5。⑤沙巴华人还要在州范围内选一名民主行动党党员，这是一种“两线政治”。沙巴华人社团在任何政治平衡中总是被重视，因为他们控制着城市选区，可以决定选举结果。沙巴华人的作用在于平衡伊斯兰教徒和非伊斯兰教徒的势力，而长期保持这种平衡的需求正是理解沙巴华人政治的关键。①

由此不难得出，沙巴华人的公民政治是一种平衡权力的选举政治。沙巴各个政党具有种族性政党的特征。沙巴人民对沙巴具有一种独特的地域认同。沙巴华人在独立前后的身份构造的政治运动是一种稳定的转型过程。与沙捞越华人一样，沙巴华人公民政治的成熟程度大于马来半岛华人，他们拥有优先于马来半岛华人的公民地位。与马来半岛各州和沙捞越一样，沙巴政党和沙巴华人政治的种族特征，使得沙巴政治仍然是一种现代政治形式的初级形态。综合这些结论，笔者认为，沙巴华人政治是一种稳定的公民权身份政治，这种公民权身份政治是由契约性的选举政治、华人政党和华团组织共同推动的，因此，沙巴华人的这种公民权身份政治也符合本书的设定概念，即沙巴的这种公民权身份政治是一种契约性的公民权身份政治。

---

① ［马来西亚］詹运豪：《沙巴华人政治演变》，选自林水檺、何启良、何国忠、赖观福编：《马来西亚华人史新编（第二册）》，马来西亚中华大会堂总会，1998 年，第 175 ~ 178 页。

第五章　东南亚新华人新全球主义身份社会

关于全球化和移民的关系，笔者认为，可把全球化作为一种语境，移民在这种语境中进行的身份转换是一种语境构造。在全球化语境中，移民是全球化的一个基本的流动性要素，并具有构造一种跨国社会的功能，这种跨国社会平行于已经存在的主权国家体系。因此可以认为，移民构造了一种跨国社会，或者说是一种新全球史，且这种以移民为主体的移民中心论创造的是一种新全球史，区别于以国家为基本行为体的国家中心论所创造的世界史。本书将这样的跨国社会在理论上定义为一种新全球主义，移民因而获得了一种新全球主义身份，而这种新全球主义身份所在的跨国社会，可称之为移民的新全球主义身份社会。本章通过设置这样一个概念来发现移民在全球化语境中发生的身份转型现象，并考察在全球化语境下主权和移民二者之间的关系。

需要说明的是，本章考察的对象是全球化时代以来的东南亚新华人，因为早期的东南亚华人已经完成了现代宪法意义上的公民权身份转型，成为完全意义上的当地公民，在全球化时代，这些早期东南亚华人及其后裔不再具有全球流动性要素的特征。这些新移民具有结构性层次：首先是移民链条上的高端新移民，如技术移民、资本移民；其次是移民链条上的中端新移民，如长期或永久性劳工移民；再次是低端新移民，如短期的劳工移民；最后是移民链条上的末端移民，如非法移民。从构造跨国社会空间这个角度来看，这四个层次的移民分别建造了四个层次的结构性跨国社会空间：高端新移民，包括技术移民和资本移民，建造的是全球信息空间、全球市场、跨国公司，同时建造一种高端的全球性社会空间；中端新移民，即长期性或者永久性的劳工移民，建造的是全球性资本市场配置下的结构性的劳动力市场，同时建造一种中端的全球社会空间；低端新移民，即短期劳工，建造的是一种全球性资本配置下的短期劳动力市场，同时建造一种低端的全球社会空间；末端新移民，即非法劳工，建造的是一种现有全球性体制之外运行的劳动力市场，同时建造一种末端的全球社会空间。

本章将先就如何阐述新移民及其相对应的新全球主义身份社会这个概念，首先论述新移民的全球化语境，把主权和移民之间的关系置换到全球化语境中进行探讨，对移民的身份流动性现象的语境构造进行探讨。其次，通过阐述东南亚华人地域认同的演变来探讨移民构造社会时间和社会空间的问题。随后在阐述新移民构造新全球主义身份社会的基础上，探讨在这种新身份构造过程中，新移民运用契约工具的理念和实践的可行性。最后，在前面三节对新移民概念探讨的基础上，运用案例来进一步验证这些假定命题。

第一节 新全球主义身份社会

自20世纪后期以来，世界处在一种不停的加速运动之中，资本、商品、劳动力、信息等市场本质性要素在获得新的技术禀赋以后对全球时空进行了压缩，所谓的全球化效果从经济领域溢出，渗透到更加细小的基本结构单元中去。一方面，这是一种去中心化的运动，对政治层面上的主权国家体系造成压力；另一方面，一些新的成分开始在社会层面上主动①结合起来，开始一种重新构造世界基础因素的运动。其中，行为体及其运动层面迅速递增，并且以这些行为体之间的关系为基础的环境也在发生剧烈变动。这种运动性的其中一个表现是劳动力跨越边界的流动，这种流动与资本、商品、信息等要素相结合或者成为一体，并且以世界市场为中心，在全球范围内形成一个具有独特性的国际空间，区别于主权国家体系。

从华人所处的地理区域来看，东南亚华人也处于这种全球社会空间转化与深层构造之中。但是华人在东南亚的活动是有历史根基的，这个传统已经构成东南亚历史的一个内在成分，是一种重要的参与性历史变量。东南亚华人所处的历史性与全球化的社会空间，构成了华人的两个外部环境：历史语境与全球化语境。目前在国际学术界对东南亚华人身份的解释存在一定的差

① ［美］亚历山大·温特著，秦亚青译：《国际政治的社会理论》，上海：上海人民出版社2000年版。该书阐释了国际或者世界层面上的社会因素的建构作用。温特最近认为，人类进化的体系过程遵循一种自组织学的社会目的论，文化传统对体系过程具有参与或者选择的功能。本书采用这个立场。参见张全义：《采访亚历山大·温特：探究建构主义的“问题领域”》，《国际观察》2007年第1期。

异性，这些争议是由于这两种语境转移造成的，其在实质上是一种历史和全球化的双重构造，主要集中于世界、东南亚和华人这三个概念的语境转换上。东南亚华人身份及其解释的变化，形成了一种身份流动性现象，这与华人所处的两种语境之间有什么样的联系？华人身份流动性与世界、东南亚概念转换之间是什么样的关系？在这两种语境中进行的身份流动经历了怎样的形态变化？这三个问题构成了东南亚华人身份流动性及其语境之间关系的问题提纲。

一、身份流动性的历史语境

王赓武观测了东南亚华人身份的产生及其流动的历史过程：在1950年以前，华人从未有过身份认同这一概念。自20世纪50年代起，以弗里德曼（Maurice Freedman）和斯金纳（G. William Skinner）的研究为肇始，学术界开始出现关于华人身份问题的文献。[①] 学术界以20世纪40年代后期与50年代初为历史分水岭，在这个分界点上，东南亚华人身份及其流动性现象开始出现：从落叶归根变成了落地生根，从侨居变成了定居，从华侨变成了华人，从华侨社会变成了华人社会，从南洋华人变成了东南亚华人。这种身份流动性现象并没有停止下来，而是一直演变：华人指称从华侨、华人演变为第$N+X$（N，$X>0$，并且都是自然数）代华裔、20世纪70年代后普遍使用的华族、20世纪50年代以后使用的新华人（中国大陆指20世纪70年代末以来的新移民）这样几种称呼。

东南亚华人的这种身份流动性具有几个层面的历史性特征，并构成了身份流动性的历史语境：第一，华人身份流动性中的空间运动内容，包含从流寓、住蕃、侨居到移居、定居的流动过程。第二，华人身份流动性的历史内容，包括从商人、汉人、唐人、明乡人、华商、华工、华侨、华人到华族或华裔、新华人的变迁过程。第三，华人身份流动性的社会形态，体现为从华侨社会到华人社会、华族或华裔社会、新华人离散社区的变迁。[②] 第四，华人身份的隐喻与象征，体现为从“落叶归根”的血统主义阶段到“落地生根”

① ［新加坡］王赓武：《东南亚华人的身份认同之研究》，选自王赓武：《王赓武自选集》，上海：上海教育出版社2002年版，第238～266页。

② 庄国土等：《二战以后东南亚华族社会地位的变化》，厦门：厦门大学出版社2003年版。

的出生地主义阶段的过程。第五，华人身份的生产机制，包括从私商贸易、朝贡贸易、宗教、政治避难到世界市场、全球性跨国社会的过程。第六，华人身份流动性的物质与文化内容，包括从丝绸、瓷器、茶叶、手工业品到农耕技术、社会形态、儒家文化、政治制度的内容构成。第七，华人身份的语境转移，表现为从东方体系、殖民体系、主权国家体系、地区主义阶段到全球主义阶段。第八，华人身份的组织形式，体现为从丝绸之路的海外华商网络、殖民体系中华工的世界市场配置阶段、全球化时期的世界华商网络与跨国社会网络或跨国社区到全球村的华人社区或华人村落的转变。第九，近代以来华人身份形成的地缘学特征，使和平移民论、华商网络、华人资本或者华商的民族经济性质论等类似观点变得更加复杂，从而使族群的人类学概念与政治学特质结合起来。第十，华人身份的学术视角，包括从传统的文化身份的华人、经济身份的华商、离散身份的华侨、主权国家的政治身份华族到区域社区、跨国网络或作为一种趋势的全球社区身份的转变；相应地这个身份流动过程被描述为从自然身份、强制同化、唐人街形式的种族经济化（ethnic clave，economic clave）或者政治贫民窟化（political ghetto）、多元化到主动同化阶段这样的过程，也体现在华人不变论、华人多重性论的争论性观点中。

王赓武认为，移民研究不只是一种历史性研究，移民也产生一种全球空间关系。人类一般把地域作为确定其认同归属的对象，地理在人类流动过程中具有重要性。传统的历史学家更关注控制了地域的部落、王国、帝国、国家那样的统治者，而不是移民本身之间的联系，这是一种地理空间中的政治。① 这具体表现为华人史是东南亚地区史的一种有机成分，东南亚地区的地理空间政治的变迁构成了华人身份流动性历史语境中的空间内容。

东南亚地区作为一个地理空间，古代是指位于印度与中国之间的十字路口或者“接触带”，近代是指位于殖民地的东方与宗主国的西方之间的接触带，冷战期间更多的是指一种地缘政治意义上的接触带，冷战后的全球化时代则多指贸易地位方面的接触带。东南亚不仅是一个孤立的地理单元，也是一个历史概念，包括古典时代的远古东南亚时期，印度化和中国儒家化影响下的古代东南亚时期，西方殖民体系中的近、现代东南亚时期，民族国家建

① ［新加坡］王赓武：《移民及其敌人》，选自王赓武：《王赓武自选集》，上海：上海教育出版社 2002 年版，第 159～187 页。

立阶段的东南亚时期，地区主义阶段的东南亚国家联盟时期与指向未来形态的全球主义的东南亚村落。东南亚还是一个政治概念，是具有国际关系中地缘政治层面上的战略竞争地区，也是意识形态层面上的欧洲中心主义和东方主义概念中所谓他者化的边缘地区。

对于东南亚来说，中国因素表现为和平、合作与和谐，中国主导的东方秩序一般被称为儒家式世界或华夷秩序、朝贡秩序。① 根据考古学的发现与史籍的记载，中国与东南亚的交流史至少有两千多年。在古代，中国称东南亚地区为南洋，主要交流形式是朝贡贸易、私商贸易和宗教，并产生了海上丝绸之路与西南陆上丝绸之路（包括蜀身毒道、安南通天竺道和滇老暹古道），在古代各个不同的历史阶段，与西北陆上丝绸之路一起作为中国与世界联系的文明通道。华人与东南亚社会融合很深，在农耕、种植、养殖、商贸、手工业、文化、官吏制度诸多方面都有中华文明的深刻烙印。② 西方因素包括日本因素的特征则表现为武力、征服、掠夺与殖民，体现在16世纪以后的近代殖民地时期、日本占领时期。西方人到东南亚以后，称呼东南亚地区为东印度地区，认为该地区处于印度恒河以东。“二战”中，东南亚是英国蒙巴顿将军统辖的一个盟军军区；“二战”以后，东南亚才作为一个政治、地理和历史概念被学术界应用。③

此外，东南亚地区也是一个宗教意义上的十字路口。古代中国、印度与阿拉伯文化对东南亚地区产生了深刻的影响。近代欧洲中心主义者认为，东南亚本土文明的历史处于幼稚状态，基督教文明的传教士负有天赋使命来开化蒙昧落后的东南亚民族，对东南亚的殖民是西方文明道德上的责任。而东南亚地区是白人的负担，东方儒家文明、佛教文明与后来的伊斯兰教文明对东南亚的影响是一种异端崇拜。④

---

① Stuart-Fox, Martin, *A Short History of China and Southeast Asia: Tribute, Trade and Influence*. Crows Nest, NSW: Allen & Unwin, 2003. 在该书中，作者认为，中国在古代通过政治制度、朝贡贸易、私商贸易、移民与儒教文化对东南亚保持了影响力，建立了一种中国式的东方世界秩序；在近代西方人到来并建立远东殖民体系以后，则开始腐蚀（corrupt）儒家式的东方秩序；鸦片战争以后，中国农耕文明陷入内部坍塌期，东方儒家秩序瓦解；自1949年以后，中国开始试图重新恢复历史上中央帝国（Middle Kingdom）的地位，以及重建曾主导过东南亚的东方秩序，对东南亚地区开始施展商业、文化与地缘影响力，与美国竞争在该地区的主导地位。

② 钱平桃、陈显泗：《东南亚历史舞台上的华人与华侨》，太原：山西教育出版社2001年版。

③ ［英］D. G. E. 霍尔著，中山大学东南亚历史研究所译：《东南亚史》，北京：商务印书馆1982年版，第19页。

④ 何肇发：《英国对东南亚历史的研究》，《世界历史》1980年第4期。

东南亚自身独特的历史构成了一种集体身份认同和共同体式的区域内联系，这种传统整体性联系在古代得益于中国与印度文化的影响而加强，但是在近代由于西方的殖民活动而被割裂。在东南亚民族国家建立以后，这种传统联系又得到了修复和新的深化，形成了东南亚区域主义与东南亚国家联盟。① 东南亚民族本身作为一种具有自我意识的主体，其历史形式包括古代与中国、印度的区域合作时期，近代处于被西方剥夺状态的殖民时期，现代民族主义国家时期，以及地区主义的东南亚国家联盟时期。目前在学术界关于东亚意识、东亚一体化、亚洲价值观与全球主义的探讨中，东南亚被放置于一种更加宏大的结构中去考察，被东亚意识或者亚洲价值观、全球主义赋予一种新的意义。

从上述分析可以看出，东南亚华人身份流动性的历史语境，包括华人史和东南亚史两个方面的内容；其中，华人史中的身份流动性现象是从华侨到华人、华裔、新华人的流动过程，东南亚史中的华人身份流动性现象是从南洋、东印度群岛到东南亚的流动过程；东南亚华人的身份流动性现象是从南洋华侨到东南亚华人的流动过程；东南亚史是华人身份中的地域认同，并由此产生地理空间中的政治。王赓武论述了海外华人面临的重大问题领域，即今天的海外华人认同哪段历史，或者以谁的历史作为自身的历史，以及能否抛弃既有历史重新谱写自身的历史。王赓武认为，海外华人保持自己的未来和历史相联系有几种可供选择的路径：一是复述被广泛认可、接受的史实，确认自身既有的、已知的族群历史，尽可能地回溯这段历史；二是海外华人与拥有不同文化和历史背景的居住国国民一起重新诠释、塑造出一种新的历史。另外，在现代社会更具包容性的超越种族和国家角色来寻求历史根源的路径选择方面也有两种，包括在全球化过程中海外华人跨越各自国界认同一种全人类所共同拥有的历史，以及在现代的教育与科技条件下海外华人以更具包容性的方法编写各自的历史。② 从历史语境中产生的东南亚华人身份流动性，面临着一个什么样的未来？

---

① 贺圣达：《东南亚文化发展史》，昆明：云南人民出版社1996年版。英国史学家霍尔在20世纪后半叶提出东南亚历史的整体性，我国学者贺圣达发展了这一观点，作出了东南亚历史同时具有整体性、差异性与多样性的判断。Wolters, O. W., *History, Culture, and Region in Southeast Asian Perspectives*, SEAP Publications, 1999. 该书作者认为，东南亚地区的独特历史形成了一种共同体认同（historical community identity）与紧密的区域内联系（intra-regional relations）。

② ［新加坡］王赓武：《从历史中寻求未来的海外华人》，《华侨华人历史研究》1999年第4期。

二、身份流动性的全球化语境

王赓武关于华人历史与未来的观点，实质上描述了华人身份流动性经历的外部环境变迁的过程：身份流动从历史语境转换到了全球化语境；这个流动过程，即王赓武所指的“华人面临着一个从历史中走向未来的身份课题”。在全球化语境下，移民研究面临着一个转型：从关注国别史、地区史、世界史中的移民研究，转向全球主义观的可以容纳移民群体作为本位性基本单位之一的全球史的过程，即从以国家为中心的世界史观转向以移民为基本单位之一、具有包容性和开放性的全球史观的过程。这个过程也是一种从历史语境到全球化语境的移民研究的转变过程。华人身份流动性经历的以国家为中心的世界史观具有什么样的特性呢？

世界是人类的一种时空构造过程，也是一种观念构造过程，这种观念构造存在于不同的文明体系中。东方世界与西方世界的概念差异包含了历史上一直存在的文化差异与近代以来所形成的政治尺度差异。依据亨廷顿模式的观点，世界概念的文化差异体现于基督教式世界、伊斯兰教式世界、佛教式世界、儒家式世界或者类似的区分。世界概念在近代以来形成的政治尺度或者说世界政治概念，则体现在以国际社会的无政府性质或者想象的共同体性质为视角的类型划分上：霍布斯式世界、洛克式世界与康德式世界。根据主权对世界的作用，世界概念可以分为殖民体系、根源于威斯特伐利亚主义的韦伯式主权国家体系与一些经历过和还未经历过现实实验的非主权形态的乌托邦式到敌托邦式[①]、伊托邦式世界。资本产生以来对世界的作用也有意识形态观念上的反映，如中心—边缘式的世界体系论、不对称的依赖或者依附理论、不平等发展论、资本积累导致的社会分化理论与以资本为中心的权力结构论、帝国论等模态。依据自然进化论的比附，也出现了以科学、理性、进步、自由、民主与人权为基本概念的世界概念，包括乡村—城市两端模式的现代化理论、各种现代性与后现代性理论范畴对世界的理解。现象层面的全球化这个过渡性概念工具出现以后，其解释功能从经济领域溢出，使平面的表层世界概念开始转向全球村式的深度世界概念。而在引入社会学分析以后，

① ［英］罗宾·科恩、保罗·肯尼迪著，文军等译：《全球社会学》，北京：社会科学文献出版社 2001 年版。

出现了对世界的解释由国际社会概念转向世界社会、全球社会概念的模式。本书在此处仅选择主权、资本对世界的作用并用其与文化差异结合起来的视角来考察这种世界史观的身份流动性现象，以说明世界概念与东南亚和东南亚华人身份解释之间的关系。

这种以国家为中心的世界史观，关于移民身份流动性有几个观点：移民，作为一种跨文化现象，产生文化适应现象；作为一种以资本为中心的市场配置要素，用推拉力理论来解释；作为主权管理的对象，用同化论、多元论来解释；作为一种现代性的流动，被视为从世界乡村向世界城市的流动；作为一种欧洲中心论的产物，被视为一种从边缘向中心的流动。从以国家为中心的世界史观的历史语境转向以移民作为基本单位之一的更具包容性、开放性的全球史观的全球化语境，移民身份流动性发生了什么变化呢？[①]

王赓武对全球化语境下的移民进行了详尽的分析：全球化语境为移民提供了一种全球权利意识，现代交通和通信、教育，可以提供条件使人类在个体意义上实现多次定居和迁徙，并使这种移居具有合法性和成为惯例，也使移民群体自主性和个体的权利获得一种事实上和法理上的承认。全球性移民产生了一种关于地理空间的更抽象的认识，其重点由领土和历史的空间变为公共空间和私人空间之间的细微差别和相互关系，在这一点上，移民的流动趋势和格局有助于界定全球历史。全球化的技术手段提供了物质条件，产生了一种新移民，其流动跨越所有边界的非正式联系的出现，改变了移民的全球性质。历史上东南亚地区人类流动活跃，东南亚侨居的华人高度特殊化的家族体制和宗族性的村落构成了华人社会的小群体的自主性特点，可以与祖籍地保持联系。东南亚国家独立以后，华人与祖籍国的传统空间联系作为一种历史上形成的空间纽带，对与世界上其他地方的华人后裔进行贸易仍具有价值。东南亚地区是一个碎片化的异质区域，贸易把各个世界中心和边缘连接起来，商品、宗教、移民开始在这个平台上流动起来，东南亚地区逐渐形

---

① 曹云华：《变异与保持：东南亚华人的文化适应》，北京：中国华侨出版社2001年版。曹云华认为，东南亚华人发生异质文化接触，产生文化适应；适应结果呈现本土化、新生化、混合化、西方化特点；文化适应是双向动态过程；文化适应程度分为包括语言、生活方式、族群关系三个方面的容忍、接受的初级阶段与包括政治认同、族际通婚、宗教信仰三个方面的认同、融合的高级阶段；文化适应是一种扬弃过程，并产生东南亚华人新文化模式。

成一个整体。①

三、身份流动性的观念形态

世界与东南亚概念的演化，构成了一种考察东南亚华人身份的语境转换，通过不同语境的主体或施动者的观察视角，东南亚华人身份就具有了不同的解释意义。从这个角度看，东南亚华人及其身份流动性是一种话语，按照这个解释理论，这种话语是由一定的权力主体生产与分配的。东南亚华人一直处于这种历史构造中。对东南亚华人身份的学术考察，基本上处于欧美移民理论的话语体系之中。关于这种华人身份流动性的几种理论形态包括两个部分，有七种模式，前文已经详细分析了这七种模式与主权权力的身份构造的关系，兹不赘述。

从对东南亚华人身份流动性的分析可以看出，东南亚华人的身份史是在东南亚史、世界史的范畴内发生的。东南亚华人在历史和全球化两种语境中发生了身份流动性现象；身份研究的理论领域，包括国际政治学的主权分析、国际政治经济学的资本分析、社会学的社会化分析、人类学的种族分析、文化学的文化适应分析以及多领域的全球化分析，这些分析方法形成了可以用于对话的解释链条和阐释谱系。

本书把主权和移民二者之间的关系放置在全球化语境中进行探讨，在设置新移民、新华人概念时，相对应地设置了一种新全球主义身份社会概念。通过对东南亚华人这种身份流动性现象的考察，笔者发现了这种全球化语境中作为身份流动性要素的移民身份政治演变的历史线索，即东南亚华人从早期自然身份社会阶段、种族身份政治阶段、主权身份政治阶段、公民权身份政治阶段演变到全球化语境中的新全球主义身份社会阶段。在考察东南亚华人身份政治演变的这几个历史阶段时，如果从移民主体维度上来考察在不同阶段移民与主权二者之间互动过程中移民使用的契约工具这个角度来看，本书对应于身份政治概念也设置了契约性身份政治这个概念。

① ［新加坡］王赓武：《移民及其敌人》，选自王赓武：《王赓武自选集》，上海：上海教育出版社 2002 年版，第 159 ~ 187 页。

第二节　东南亚华人地域认同的历史和未来

在16世纪，从欧洲跨大西洋航行的欧洲移民认为，美洲“是他们可能获得新生的国家，即开始一种新生活”①。新世界对欧洲意识产生了一种根本性的影响，到美洲的欧洲移民把他们的探险看作是一种对乌托邦的探求，在那里从旧世界来的离散者将会被解放出来②。这种欧洲早期移民对美洲所持有的新教思维构成了后来的北美政治传统基础之一。在东方，王赓武认为，古代中国的华人在东南亚流寓、侨居、定居的历史有两千多年；华人现在面临的历史课题之一，是如何在一个具有多元文化的国家里，在世界层面上探求一种可选择的认同来实现归化或者同化，这个主题构成了一个可以考察东南亚华人的广阔视角。③ 从这些学者的观点可以看出，移民与地域认同的关系，是移民研究领域的课题之一。与早期欧洲移民关于美洲理想意味的地域观念不同的是，早期华人关于东南亚的地域观念是一种比较简单意义上的生存观。由于东南亚地区与华人的概念都具有阶段性的历史形态，华人关于东南亚的地域认同观念也相应地具有一种时序态变，所以从地域认同这个视角来考察东南亚华人面临几个问题：东南亚华人是否存在地域认同？如果存在的话，是一种什么样的地域认同？东南亚华人的地域认同经历了哪几个阶段的历史形态？这种地域认同具有一种什么样的演化趋势？下面对这几个问题的探讨，是按照东南亚华人地域认同的演化过程这条线索来进行的。

一、古典南洋时期：华侨时代的地域认同

华人与东南亚之间存在一种特殊的历史关系，通过本书前面章节对王赓武、廖赤阳与刘宏等学者对华人史的考察成果，从华人关于东南亚地域观念

① Mircea Eliade, *The Quest*: *History and Meaning in Religion*, Chicago and London: The University of Chicago Press, 1969, p. 98.

② Charles H. Long, *Significations*: *Signs*, *Symbols*, *and Images in the Interpretation of Religion*, Philadelphia: Fortress Press, 1986, pp. 100 – 102.

③ Gungwu Wang, *The Chinese Overseas*: *From Earthbound China to the Quest for Autonomy*, Cambridge MA: Harvard University Press, 2002.

的历史联系这个视角，华人的地域观念史可以分为三个阶段形态：古典南洋时期的华侨时代、东南亚民族国家时期的华人时代与全球化时期的新华人时代。东南亚华人的地域观念史分期完成后，接着需要解决的问题是，东南亚华人的地域观念中存在一种地域认同吗？东南亚华人地域认同这个概念至少需要两个假定：东南亚华人存在一种地域认同；东南亚华人地域认同的产生早于东南亚民族国家的建立。

王赓武考证了东南亚华人地域认同的存在：人类一般把地域作为确定其认同归属的对象，地理在人类流动过程中具有重要性。历史上东南亚地区人类流动活跃，东南亚侨居的华人高度特殊化的家族体制和宗族性的村落构成了华人社会的小群体的自主性特点，与祖籍地保持着联系，并与其祖籍国维系着一种在历史上形成的空间纽带。东南亚地区是一个碎片化的异质区域，贸易把各个世界中心和边缘连接起来，商品、宗教、移民开始在这个平台上流动起来。[①] 与东南亚华人相比，历史上的东亚移民则被置于一个被儒教化的官僚制结构所强化了的静态农业社会的框架之中，移民对于区域历史来说具有边际性[②]。

从上述分析可以得出，古典时期，古代华人对东南亚的地域观念是“南洋”，华人侨居于此，因此我们称之为古典南洋时期的华侨时代。在这个华侨时代存在一种地域认同，这种地域认同存在于东南亚侨居华人的家族体制和宗族性村落与形成的华人社会的自主性群体中。古典南洋时期的华侨地域认同的内容构成是家族、生存机会、地域网络、历史记忆；用现代术语来说，即就业机会、心理预期、社会网络、个体经历、家人、朋友、地缘、商缘、亲缘等组成部分。因此，可以对地域认同概念作一个简单的界定：地域认同是一种心理地理学概念，是一种移民对地域的感知，这种感知不是空间本身作用力的结果，而是移民对地理空间的亲近力；这种亲近力是由于移民在一定空间中具有个体经历、亲人、生存机会、社会网络等归属感元素或者变量而对地理空间产生的一种感知。东南亚华人地域认同既然存在，那这种存在同时也是一种历史存在，按照王赓武的观点，已具有上千年历史，早于东南

① ［新加坡］王赓武：《移民及其敌人》，选自王赓武：《王赓武自选集》，上海：上海教育出版社 2002 年版，第 160 页。

② Yen Ching-hwang, *China's Protection of Overseas Chinese during the Late Ch'ing Period*, 1851 – 1911, Singapore: Singapore University Press, 1985.

亚民族国家建立时期。

二、东南亚民族国家时期：华人时代的地域认同

东南亚概念的历史很短。“二战”中，东南亚是英国蒙巴顿将军统辖的一个盟军军区，“二战”以后，东南亚才作为一个政治、地理和历史概念被学术界应用。[①] 东南亚民族国家建立以后，华人的地域观念从南洋转化为东南亚，华人的身份从华侨转化为华人。在西人殖民体系建立以前华人主导的东方体系中，东南亚华人享有东南亚本土居民不能享有的免兵役、免劳役的人身自由，不受东南亚地区各个王国实行的束缚人身自由的土地制度的制约，这些条件使华人成为东南亚地区市场和社会内在的组成要素，为华人构建华商网络提供了基础。在近代西人殖民时期实行“分而治之”的种族政策中，华人处于被殖民者利用、限制和排斥的社会地位。在“二战”结束、东南亚地区建立民族国家以后，东南亚各国由于受到西方同化论意识形态和同化政策的影响，纷纷采取了东南亚本土化的族裔政策，东南亚华人经历了以“东南亚倾向”（Southeast Asia Oriented）为中心概念的强制同化政策的身份构造。

从上述分析可以得出，东南亚民族国家时期的华人地域认同图式增加了考察维度，从心理地理空间的认同增加到政治地理[②]空间的认同，并且这种政治维度的地域认同指向国家认同，同时带有从自然同化转向强制同化的意识形态含义，是一种政治忠诚转移的过程。可见，这个时期华人地域认同的主要内容构成是一种政治地理空间意义上的国家认同[③]，同时具有历史基础的地域认同随着归属感转移的逐渐完成也在随之深化。东南亚华人地域认同的这种转化过程，揭示了在近代欧洲版本的主权国家与移民之间存在着对国家边界、地理空间的认知差异。[④] 主权国家确立了为保护人口稳定性而通过控制边

---

① ［英］D. G. E. 霍尔著，中山大学东南亚历史研究所译：《东南亚史》，北京：商务印书馆1982年版，第19页。

② Mark Blacksell, *Political Geography*, London: Routledge, 2006; Lee Yong Leng, *Southeast Asia, Essays in Political Geography*, Singapore: Singapore University Press, 1982.

③ 代帆：《认同政治：华侨华人与中国—印度尼西亚双边关系》，暨南大学博士学位论文，2006年。

④ Harald Kleinschmidt, "Migration, Regional Integration and Human Security: An Overview of Research Developments", in Harald Kleinschmidt (ed.), *Migration, Regional Integration and Human Security: The Formation and Maintenance of Transnational Space*, Aldershot, England, Burlington, VT: Ashgate, 2006, p. 72.

界来管理移民的合法性，而移民为了一种生存机会和自然联系的目的而跨越近代政治范畴的边界。20 世纪 70 年代以前的东南亚民族国家学习近代欧洲主权国家模板的移植型版本，对华人和东南亚地区的历史联系和自然联系有所弱化，从而产生了着重强调政治地理空间的认同。

三、全球化时期：新华人时代的地域认同

王赓武认为，1955 年以后，东南亚华人的历史进入新华人时代。“新华人”这一称谓意味着一种移民地位的上升，既体现在新华人自身的结构性因素方面，也体现在新华人公民形态的完善性方面。① 在中国大陆实行经济体系开放以后所产生的移民，学术界也称之为新华人。新华人概念后来被逐渐正式归纳到世界范围内新移民的一部分。② 与新移民相对应的是具有全球化背景的信息社会，信息和交通为移民提供了同时参与多个社会生活的技术手段，这种跨国社会联系构成一个综合性的跨国网络。③ 在早期海外华商网络的基础上④，东南亚各国独立以后，东南亚华人逐渐发展形成了全球化背景下的世界华商网络。⑤ 东南亚华人频繁地在区域内、东南亚地区与欧美澳之间进行跨国流动，形成了再移民与回归移民现象；出现了同时参与两个社会生活的“哑铃”模式、在多个社会之间不停运动的“太空人”模式、以某一社会为中心在多个社会运动的发散型的“风筝”模式的华人或者华商。全球主义历史的新特征，一方面表现为跨越国界甚至洲界的观念、共同信仰、价值以及标示人类同一性的各种特征；另一方面其起点是在人和技术扩散导致地理空间上的常规联系变得可能和重要的时期。全球性移民产生了一种关于地理空间的更抽象的认识，其重点由领土和历史的空间变为公共空间和私人空间之间的细微差别和相互关系。历史上东南亚地区人类流动活跃，东南亚侨居华人形

---

① ［新加坡］王赓武：《移民地位的提升：既不是华侨，也不是华人》，《华侨华人历史研究》1995 年第 3 期。

② ［新加坡］王赓武著，程希译：《新移民：何以新？为何新?》，《华侨华人历史研究》2001 年第 4 期。

③ James F. Fawcett，“Networks，Linkages and Migration Systems”，*International Migration Review*，1989，Volume 23，pp. 671 – 680.

④ ［新加坡］王赓武著，姚楠译：《南海贸易与南洋华人》，香港：中华书局 1988 年版。

⑤ 余彬：《对世界华商网络的阶段考察》，《东南亚纵横》2006 年第 5 期。

成的传统历史空间纽带，把各个世界中心和边缘连接起来。①

从以上分析可以得出，全球化时期的东南亚新华人是全球性新移民的一个部分，东南亚新华人地域认同的考察维度继续增加，从古典时期的心理地理认同、东南亚民族国家时期的政治地理认同增加到全球化时期的跨国社会地理空间认同；这种跨国社会地理空间的认同具有全球化提供的信息社会的物质基础②，使新华人可以同时参与多个社会地理空间的活动；新华人地理空间的观念从领土和历史空间转向公共空间和私人空间；新华人的地域认同含有一种全球性移民权利的要求，并获得国际社会承认③；东南亚新华人的这种跨国社会地理空间的地域认同使其具有了一种多根性和多重性身份④。可见，全球化时期东南亚新华人的地域认同包含三个层面：传统情感指向的心理地理空间、现代国家认同指向的政治地理空间与全球化时期的跨国社会地理空间。三种地域认同混合共存，形成一个三重性维度；东南亚新华人地域认同的内容构成包括地域市场推拉力作用的理性选择、历史记忆的情感取向以及跨国社会网络的物质条件。

---

① ［新加坡］王赓武：《移民及其敌人》，选自王赓武：《王赓武自选集》，上海：上海教育出版社 2002 年版，第 159 ~ 187 页。

② Basch and Cristina Szanton Blanc, *Towards A Transnational Perspective on Migration: Race, Class, Ethnicity, and Nationalism Reconsidered*, New York: New York Academy of Sciences, 1992; Ludger Pries (ed.), *New Transnational Social Spaces, International Migration and Transnational Companies*, London and New York: Routledge, 2000.

③ 保护国际移民工人、成员及其家庭权利的国际条约于 1991 年在联合国大会上通过，并于 2002 年 12 月起正式生效。参见 International Organization of Migration, "The Role of Regional Consultative Processes in Managing International Migration", *International Migration Review*, 1991, Volume 25, Issue 4, pp. 873 – 919. 此前通过的相关条约有《减少无国籍状态公约》（1961）、《消除一切种族歧视公约》（1965）、《公民权和和政治权公约》（1966）、《消除对女性的一切歧视公约》（1979）和《保护儿童权利公约》（1990）。

④ Nikos Papastergiadis, *The Turbulence of Migration, Globalization, Deterritorialization and Hybridity*, Cambridge: Polity Press, 2000. 作者认为，全球化时期的新移民具有去领土化的文化，导致混合的或者多重的身份，能够定义移民频繁发生的地域，并且随之建立起跨国社会网络模式。

四、地域认同的时空间实体的发明

伊曼纽尔·沃勒斯坦把布罗代尔的社会时间变量分析[①]与政治地理空间变量分析结合起来，从认识论视角提出时空间（Time Space）实体概念，即每一个时间都有一个空间，时间和空间是两个不能分离的范畴，对应着的社会时间范畴存在某些相似的空间对等物。沃勒斯坦在此提供了五种时空间模型：短暂的地缘时空间是指短暂时间（事件性时间）对应着直接的政治地理空间；周期—意识形态的时空间是指循环的时间对应着意识形态空间（ideological space）；结构性的时空间是指结构的（长期的）时间对应着结构的（大范围的）空间；永恒的时空间是指圣哲时间对应着永恒的空间；转型的时空间是指神学的正当时间（right time）对应着正规时间（formal time），即保罗·蒂利赤（Paul Tillich）[②] 所论证的质的时间和量的时间之间的区分。[③]

在沃勒斯坦这个时空间实体理论的框架下，可以引申出以下问题：东南亚华人史与东南亚概念在时间结构上有多长？它们分别又对应着一个什么样的结构性空间？由此可见，华人史每一个阶段的地域认同都具有相应的空间对应物，即“南洋”、“东南亚”、东南亚地区性地理空间、全球性地理空间。东南亚和华人概念都是被定义者，这些被定义者在努力地控制定义自身的过程或者争取更多的自主权。东南亚和华人是现代世界的产物，其历史可以由现在的人们所创造，也只有这些人们才能决定自己未来的存在模式。通过考古学和历史文献可以证明，东南亚和华人之间的特殊历史关联是无法分离的两个范畴；如果在某个时间段这种分离发生了，那就是一种被某种权力中心定义的结果，是一种政治地理空间被构造的结果，也是一种社会时间被构造的结果；这种结果导致了东南亚华人的地域认同在不同阶段的时序形态中的具体模式。

---

① Braudel, F., *Histoire et sciences sociales: la longue durée*, in *Ecrits sur l'histoire*, Paris: Flammarion, 1969, pp. 41 – 83 (first published in Annales ESC in 1958); Braudel, F., "History and the Social Sciences: the Longue durée", in P. Burke (ed.), *Economy and Society in Early Modern Europe*, London: Routledge and Kegan Paul, 1972, pp. 11 – 42. 布罗代尔认为，时间是一种社会创造，并区分了三种基本的社会时间范畴，即事件之历史、循环性历史和结构性历史；他于 1972 年又提出圣哲时间。

② Tillich, P., *The Protestant Era*, Chicago: University of Chicago Press, 1948.

③ ［美］伊曼纽尔·沃勒斯坦著，刘琦岩、叶萌芽译：《否思社会科学：19 世纪范式的局限》，北京：生活·读书·新知三联书店 2008 年版，第 149 ~ 176 页。

与早期跨越大西洋到美洲的欧洲移民的地域观念相比，东南亚华人的地域观念含有较少的想象成分，而多了寻找生存机会的理性因素。东南亚华人的地域观念的历史内容是从“南洋”、“东南亚”到东南亚地区性地理空间、全球性地理空间的转变。华人与东南亚地域之间存在一种特殊的历史联系，这种历史联系远远早于东南亚民族国家建立时期。东南亚华人存在一种地域认同，这种地域认同是东南亚华人身份认同的一个组成部分。[①] 东南亚华人地域认同存在一个三重性维度，内容包括市场推拉力作用下的理性选择、历史记忆的情感取向和作为物质条件的跨国社会网络，这三种地域认同内容随着华人史的演化过程而具有不同的构成部分，并且东南亚华人地域认同的这种历史形态在全球化时期的演变增加了新的维度。

本节通过阐述全球化语境下东南亚华人的地域认同，来考察新移民构造跨国社会空间，构造一种新全球史，同时作为主体构造自身的新全球主义身份的运动。如沃勒斯坦论证的那样，新移民构造自身新全球主义身份的过程也是一种社会时间和社会空间的建构过程，新移民建构了新全球史这种时间、新世界这种空间和新全球主义这种身份。新华人属于新移民的一部分，既在时间上也在空间上构造自身新全球主义身份社会。这种新移民的身份构造运动和全球性移民的权力得到发展中的国际移民法的确证。也就是说，新移民的这种身份构造运动是在一种全球性契约的路线上进行的，因此，本书把新移民的这种身份构造运动也界定为契约性的新全球主义身份运动。

第三节　契约性新全球主义身份社会：从“旧约”到“新约”

本书把主权和移民两个元素及其之间的关系置换到全球化语境中，存在两个平行并存的复式结构，一个是国家中心论的主权国家体系，另一个是移民主体论的跨国社会空间。新移民通过建构这种跨国社会空间，获得一种新全球主义身份，其需要新移民通过契约工具与主权国家体系进行互动，这是

① ［美］亚历山大·温特著，秦亚青译：《国际政治的社会理论》，上海：上海人民出版社 2000 年版。

一种在全球化语境下主权和移民二者之间关系的新阶段。本书设定主权和移民二者之间是一种契约关系，它具有不同的阶段形式。本书根据历史过程这一线索把主权和移民二者之间通过契约工具建立的互动关系划分为这几个阶段：契约性的自然身份社会阶段、种族身份政治阶段、主权身份政治阶段、公民权身份政治阶段和新全球主义身份社会阶段。这些身份阶段具有多维性（主权维度和移民主体维度），以及在这些身份政治相互衔接的时段具有多重性。本书以东南亚华人政治作为研究对象，选取了马来西亚华人身份政治作为案例进行分析，验证了一个完整历史形态的身份政治的历史过程。从这个意义上，这种过程也可以称之为一种从“旧约”到“新约”的过程。

一、契约性身份政治的两种阶段研究方法

本书根据主权和移民二者之间互构的政治运动的事件史，把移民的身份政治划分为早期自然身份社会、种族身份政治、主权身份政治、公民权身份政治和新全球主义身份社会几个阶段。在前文考察主权和移民之间的关系、全球化和移民之间的关系的过程中，还运用了观念史的方法把移民身份政治的研究模式划分为：早期自然区域市场的华商阶段的研究、1860 年签订《北京条约》后的世界市场的华工阶段的研究、主权独立时期的主权身份阶段的研究（同化论、熔炉论和多元论）、跨国主义研究（离散论、跨国社会理论）、区域主义研究、全球主义研究。在研究东南亚华人身份政治的过程中，这种观念史的阶段划分方法是对政治运动史的阶段划分方法的一种补充。本书在此处继续把事件史和观念史这两种研究方法结合起来，用契约论来进一步说明契约性身份政治这个概念。

（1）早期自然区域市场的华商阶段：一种社会契约模式。早期的华人是纯粹意义上的华商，通过私商贸易，东南亚华人构造了海外华商网络，主导了东亚、东南亚商贸体系，形成了东方贸易体系。这个阶段的契约是一种区域市场契约，也是一种区域社会契约。在这个阶段，华人身份是一种契约性的自然身份，即华商身份。

（2）1860 年签订《北京条约》后的世界市场的华工阶段：一种契约劳工模式。这是一种不平等的劳工契约，是殖民体系的世界市场分配的结果。在这个阶段，海外华商网络从属于西人殖民体系的世界市场系统，处于一种依

附性地位。因此，这个阶段的华人身份发生了分化现象，从早期纯粹意义上的华商转变为华商和华工共存。本书把这个时期界定为契约性的华工身份阶段。

（3）东南亚主权独立时期的主权身份阶段：一种主权构造的政治契约模式。按照现代政治观念和政治实践，东南亚华人的活动构成了东南亚地域观念、东南亚历史观、东南亚文化传统和东南亚社会，是东南亚民族的一个历史内容和组成部分，应和当地人民一样具有一种构建现代主权权力的平等地位。但是，从现实政治实践来看，东南亚华人的这种主权权力受到了种族主义政治的阻碍，这种政治契约的构造运动也是一个契约性修正的过程。东南亚华人与主权权力二者之间的这种契约性互构的政治运动包括观念史的修正现象，如从同化论、熔炉论到多元种族主义理论和政策的修正。因此，这个阶段可被界定为契约性的主权身份政治阶段。

（4）跨国主义研究阶段：一种跨国社会契约模式。跨国主义研究包括经过修正的古老的离散论和全球化时代信息社会的跨国社会理论。这种跨国社会理论是研究新移民的一种方法，它认为全球化信息社会为移民建构跨国社会提供了物质基础。现代离散论认为，全球化时代的新移民出现了文化上的离散现象，新移民的情感取向不再指向一个文化中心和政治中心。跨国社会是一种社会契约模式，是新移民在社会与社会之间构建的一种以全球性市场为基础的跨国契约社会。因此，本书把这个阶段界定为契约性的跨国社会身份阶段。

（5）区域主义研究阶段：一种区域性社会契约和政治契约。运用区域主义方法研究移民，是一种新尝试。移民研究的区域主义方法包括两个方面：一方面是构建一种移民的区域社会系统；另一方面，区域内主权国家体系构建一种移民的区域政治系统。在这两种移民的区域研究模式中，如果移民在社会与社会之间建立区域性的社会契约，可以称之为移民的一种契约性的区域社会身份；如果移民与区域内部主权国家体系之间建立一种政治契约，则可以称之为移民的一种契约性的区域政治身份。

（6）新全球主义研究阶段：一种新全球主义社会契约。全球主义本来是一个与国家主义相对应的概念，也被用作自由主义的代称。西方一些左翼学者批评全球主义是一种全球性资本主义，本书为了规避这些概念带来的歧义，因此设置一个以移民为主体的新全球主义概念，来探讨新移民构造全球性社会的运动。前文已经有了说明，这一概念是根据王赓武的观点设置的。王赓武认为，移民不但构造一种历史，也在构造一种空间关系。移民在构造的是全球史，这种全球史以移民为主体，区别于传统上以国家为中心的世界史观念。在王赓武这些观点的基础上，本书界定了移民的新全球主义身份概念。移民作为一个全球化的流动性要素，这种要素的功能之一就是构造一种全球性社会。这种全球性社会与主权国家体系构成的国际社会平行存在。本书假定这两种系统之间是以一种契约的形式实现共存的，即移民与主权国家体系之间通过契约性的国际移民法和人权条约等相关国际法来协调二者之间的关系。因此，本书把以移民为主体的新全球主义社会构造运动称为移民的新全球主义身份社会阶段。

二、契约性身份政治相关批评

在研究东南亚华人身份政治的过程中，本书使用了契约论这个解释工具。关于学术界对契约论的批判，本书不会去探究这些争论的理论意义，仅仅把契约论作为一种研究方法、分析工具和解释路线。以下就移民研究中涉及契约论的几个问题作出说明：

（1）关于契约与自然状态问题。契约论预设一种人类的自然状态，在这种自然状态假定的基础上，人类社会才会产生一个原始契约；只有这个预设成立，契约论才得以存在。关于自然状态是否存在，为什么自然状态是契约的基础，怎么解释自然状态，契约论学者均需要作出回答，其中以霍布斯、洛克与卢梭的解释最为著名。本书把早期东南亚华人，即纯粹意义上的早期南洋华商界定为一种自然社会身份，这是因为早期华商构建了一个区域市场，这个市场是一种社会契约，是在区域社会中自发形成的一个市场。并且，早期华商仅仅从事商贸活动和一部分社会活动，不参与当地的政治活动。因此，早期华商身份是一种以市场为中心的自然区域社会身份，在社会契约的基础上，华商构造了早期海外华商网络、南洋区域社会和华商自身的自然社会身份。

（2）关于契约与历史真实问题。纯粹的契约论只有一个假定：如果人类社会有契约的话，那么只存在一个“原始契约”。契约论的批评者认为，这是不符合历史真实的，无法用任何已知的历史事实来证明或验证这一假定。契约论者修正这一观念，认为人类历史存在不同的契约论传统，至少包括道德的、公民的、宪政的这三种源流的契约论传统。本书之所以把东南亚华人的身份政治界定为契约性的身份政治，主要是因为契约在东南亚华人政治的历史中一直有一种符号表现，这是一种历史真实；不过，这种历史真实仅仅在事件史维度上考察才有意义，这个命题也才能成立，如华人参与立宪和争取公民权的政治运动。按照现代政治理念，东南亚华人总是在直接或间接地运用契约工具来实现自身的身份政治构造运动，如华人政党的成立。本书是根据事件史维度来考察东南亚华人身份政治运动的，仅仅是一种解释历史。本书以马来西亚华人身份政治作为案例就是一个证明。

（3）关于契约中的权力和政治义务问题。在本书中，契约论始终是一种解释工具，要解释的核心问题是权力和政治义务二者之间的关系问题：权力的合法性来源是什么？人类为什么要服从权力？人类同意服从权力时发生了什么事件？权力能否受到制约？人类为什么负有政治义务？统治者有没有政治义务？这是一种什么样的政治义务？契约论的全部作用，就是解释人类权力的合法性来源问题，即人类的这种权力等级秩序是合理的，人类需要认可它；如果对此存在问题的话，那就是：权力等级的合法性取决于人类自己的解释，即人类如何认可这种权力等级秩序的合法性，如何通过解释来认可它。在这个意义上，笔者认为，契约论仅仅是一种解释工具，这种工具并没有触及权力等级问题本身。本书的主题是主权和移民之间的关系问题，这个命题里面存在三个相关问题需要解释：①从主权维度上看，关于主权权力构造移民身份的政治运动问题。按照契约论分析工具，本书把主权和移民之间的关系界定为一种契约关系。主权权力对移民实行身份构造的政治运动，这种权力构造是一种现代公民权身份政治构造，而不是一种种族主义身份政治构造。从种族身份到公民身份的政治运动符合梅因命题：一切进步社会的运动，都是一种“从身份到契约”的运动。②从移民主体维度看，按照契约论，已经成为当地民族共同体一部分的东南亚华人与当地人民一样具有构造现代主权的平等权利。现代主权构造主要是指现代宪政系统和国家系统的构造。从史实来看，东南亚华人并没有按照现代政治理念的要求拥有主权构造者的公民身份，而是以一种种族身份，处于一种不平等的政治地位，即东南亚华人负担的政治义务多，而拥有的政治权力较少。③从主权和移民二者之间的互构关系来看，契约论是一种有效的政治工具选择。东南亚华人在身份构造的政治运动过程中，通过现代政治的选举机制、政党机制和华团组织实现与主权权力的一种政治契约。

（4）关于社群主义者对契约论的批评。[①] 此类批评主要有四种：其一，关于“无知之幕”和“镶嵌主题”问题。当代契约论的复兴是以罗尔斯的《正义论》作为标志的，因为《正义论》关注的是社会“善的分配”问题，即契约立约各方在社会资源再分配过程中如何通过社会契约保持公平分配的问题。罗尔斯为了一种假想的契约公平设置了一种“无知之幕”，即契约立约各方在立约过程中，处于一种对自身和其他人的身份以及其他社会属性一无所知的情况。在这种“无知之幕”之下进行的契约才能保证一种公平。社群主义者认为，这种“无知之幕”无视了立约者的人格特征，这个“个人”不是真实的个人，在现实中是不存在的，即这种契约论把人类有效的认同建立在一个非人格主体之上。由于契约论没有能够解释有效认同的“镶嵌主题”这个课题，因此，契约论的这种解释模型失效。其二，关于“阿基米德支点”。社群主义者批评康德式的正义和道德的契约论观念，并认为正义是由一定的具有某种构成性属性的主体来提供的一种道德动机。正义论的契约论者把正义视为一种剥离了主体结构性属性的自由、平等主体，这种社会契约装置提供的“正义”的“阿基米德支点”是不存在的。其三，关于自律主体和文化选择模式问题。社群主义者认为，自律主体是有一定社会背景的，一种社会背景中文化多元性与政府权威有两种关联：如果政府在“善的分配”上保持中立，具有某种属性的多数民众会导致多元性和差异性的消失；如果政府权威保持某种社会文化中的主要成分，会导致一种主导文化优于其他文化。这两种文化情况的选择模式与契约论均不相容。其四，关于个体主义和共同体模式问题。社群主义者认为，“善”的观念只能存在于某种共同体中，而契约论的理论基础是原子化的个人主义的基础，两者不能相容，因此正义论的契约论存在一个理论缺陷。社群主义者对契约论的批评使本书在运用契约论这个解释工具的时候，采取一种效用主义的工具论态度，即仅仅把契约论作为一种分析工具，而不探讨其基本理据。

（5）关于契约论与神法、自然法的问题。华人研究是一种人类学研究，华人政治研究需要运用人类学和政治学的理论和方法。契约论满足了本书研

① ［英］戴维·鲍彻、保罗·凯利：《社会契约论及其批评者》，选自［英］迈克尔·莱斯诺夫等著，刘训练等译：《社会契约论》，南京：江苏人民出版社 2005 年版，第 445～451 页。

究的方法工具这个要求，因为契约论在政治学和人类学领域中是主要的理论流派。人类学有三个理论来源：神法、自然法和社会契约论。[①] 普遍主义（universalism）概念、世界主义（cosmopolitanism）概念和离散（diaspora）概念起源于宗教经典，这些概念被用来指代移民身份。自然法理论中的“自然状态”概念是契约论的一个基本设定概念。这几个概念在本书设置新全球主义概念时起到了一种类比作用。

本节对契约性新全球主义身份政治这个概念进行了分析总结。首先分析了契约性身份政治的两种阶段分期，在这两种阶段分期中，推论出这样一个结论：与新华人概念相对应地存在着一个身份概念，这个概念本书界定为新全球主义身份；从契约论的角度看，则是契约性的新全球主义身份。为了进一步对这个概念进行论证，本节引入了学术界对契约论的几种批评。通过对契约论几种批评观点的分析，本书对新全球主义身份这个概念进行了严谨的审查和论证。

第四节　案例：马来西亚新移民比较研究

相比较而言，以 20 世纪 50 年代为界线，其后由中国大陆向东南亚地区的移民基本上停止了。自 20 世纪 80 年代中国实行改革开放以后，中国大陆的新移民大多流向欧美澳地区和其他新兴经济体。自马来西亚联合邦成立以后的马来西亚新移民大多来自东南亚区域内其他国家，如印度尼西亚、菲律宾等。马来西亚的华人进一步融入马来西亚民族之中，自 20 世纪 70 年代出现的华族一词反映了东南亚华人的这种身份转型过程。因此，全球化以来，马来西亚的新移民结构发生了变化。本节运用两个案例来探讨马来西亚新移民问题，这些新移民不再一定是新华人。正如前文所述，新移民具有一种结构性层次，马来西亚新移民也是如此。Motoko Shuto 提供了第一个案例，通过研究马来西亚的印度尼西亚新移民，探讨了马来西亚新移民结构性层次中的低端、末端移民。Tim Bunnell 提供了第二个案例，通过研究全球化语境中的马来西亚新移民构造的跨国网络，探讨了新移民结构性层次中的高端、中端

① ［英］阿兰·巴纳德著，王建民等译：《人类学历史与理论》，北京：华夏出版社 2006 年版，第 16～28 页。

移民。本节将对这两个案例进行进一步探讨。

一、马来西亚的印度尼西亚新移民

本小节根据 Motoko Shuto 的《东亚和东南亚的劳动力移民和人的安全》所提供的材料来分析马来西亚的印度尼西亚新移民。

（1）马来西亚新移民构成。根据相关登记的工人人口数字，马来西亚是迄今为止最大的劳动力接收国家。到 2002 年 7 月为止，在马来西亚的移民工人有2 860 000人，并且印度尼西亚工人占了几乎 80%。马来西亚的全部工人大约有 1 000 万人，差不多 1/5 由外国工人构成。

（2）印度尼西亚的推力因素。由于马来西亚与印度尼西亚存在经济补充关系，以及马来人和印度尼西亚当地人之间基于语言、同一种族和地区的心理和文化上的亲近感，使他们的边界易于穿越。这种亲近感降低了迁移的成本和压力。此外，印度尼西亚有充足的非熟练劳动力的供给，绝大多数工人几乎不超过初级教育水平。

（3）马来西亚的拉力因素。对马来西亚来说，对外国工人的需求和外国工人的存在一直是一个敏感的政治事件，可以在政治上缓冲华人带来的压力。马来西亚经济需要外国劳动力保持其发展规划，并且政府正式地从五个国家接受工人，即印度尼西亚、泰国、菲律宾、孟加拉和巴基斯坦。雇佣数目最大的部门是制造业，占工人总数的 29.2%，接着依次是种植业（22.3%）与建筑业（21.6%）。其中，到目前为止，在马来半岛和东部马来西亚的印度尼西亚工人数是最多的，接着是在马来半岛的孟加拉人与在沙巴的菲律宾人。强有力的拉力因素是更高的工资。数年来，基于民族而产生的工作分配方式十分引人注目。这种工作分配方式有两个因素：劳动力质量的差异归因于教育水平的高低，而在同一民族中则归因于招募模式。其他紧迫的实际的原因是成本。对印度尼西亚人来说，通过不规范的经纪人的不规范入口，比通过从各种规范机构如警察局、乡村出口许可处等浪费时间地获取证明书的过程更廉价和快捷。关于在马来西亚的非法工人数量有不同的统计数字，一个印度尼西亚 NGO 在 2002 年 3 月给的数字是：在马来西亚工作的 226 万印度尼西亚人中，有 167 万属于非正式移民。

（4）Nunukan 悲剧。马来西亚限制了外国非熟练工人的移民，相关规定常常突然地被单方面实施。外国非熟练工人最久居留时间是一次6年，种植园工人7年。在2001年10月，一项新的规定被议会通过，新规定限制了工作许可的时间有效性。这意味着许多拿着6年许可证的外国工人，与工作超过3年的都被突然归类为非法工人。在这种新法律下，非法外国工人及其雇主两者都面临罚金以及5年的强制性拘留期，甚至会遭到鞭击，这是一项有争议的新规定。Nunukan是印度尼西亚移民到沙巴的一个进入点，由于回归的印度尼西亚人的持续流动，2002年夏季共有79人死于庇护所，原因是食品和医疗设施的缺乏，此事日后被称为Nunukan悲剧。

（5）移民协议。Nunukan悲剧发生以后，马来西亚和印度尼西亚政府在移民保护方面采取了一定措施：①社会事务部门在与NGOS咨询协商以后，决定在两国都为移民建立危机中心。②2004年10月18日，关于“安置和保护国外的印度尼西亚移民工人”的一项新法律正式开始实施。③2004年5月10日，马来西亚和印度尼西亚签署了以谅解备忘录为形式的双边协议。这具体化了印度尼西亚移民工人及其马来西亚雇主的条件和义务。其中，若威胁到安全和公共秩序，在事先通报印度尼西亚方面30天以后，也允许马来西亚推迟接受移民工人。

（6）马来西亚的移民现状。2002年夏季，由于发生了Nunukan悲剧，非正式外国工人大规模地离开，导致劳动力的突然短缺，对马来西亚的制造业和建筑业造成了冲击。随后马来西亚的建筑协会提议建立一种雇佣交换制度，即外国劳动力可以被短时间雇佣，政府原则上同意了这个提议。尽管印度尼西亚劳动力在马来西亚经济的发展中发挥了关键的作用，但两国之间的沟通和合作一直到最近仍然不足。[①]

通过学者Motoko Shuto提供的关于马来西亚新移民的案例材料可以看出，东南亚新移民的构成以低端劳动力为主导，在世界市场的配置下进行区域内流动和区域外流动。东南亚新移民缺乏完善的国际移民法律的保护，新移民的权利不能完全得到保障。针对东南亚新移民问题进行的国际合作以政府双边合作为主，辅之以社会组织合作，但是这两种形式的合作都不稳定和显著缺少。这也说明主权和低端新移民之间的关系是一种单向的权力支配性关系。

① Motoko Shuto, “Labour Migration and Human Security in East and Southeast Asia”, in Harald Kleinschmidt (ed.), *Migration*, *Regional Integration and Human Security*: *The Formation and Maintenance of Transnational Spaces*, Aldershot, England, Burlington, VT: Ashgate, 2006, pp. 205 – 224.

虽然东南亚新移民是全球性移民的一部分，但其具有区域性特点。他们是一种结构性移民，处于劳动力结构的底层，与本书设定的新移民概念具有一定的冲突，说明本书设定的一些概念和命题具有一定的局限性和适用范围，其解释力是有限的。由于本书设定的新移民概念是一种技术移民或者结构性移民的高端部分，因此，本书对新移民概念进行了修正，把新移民按照结构性层次分成四个层次，即高端的技术移民和资本移民，中端的长期和永久性劳动力移民，低端的短期劳动力移民，以及末端的非法劳工移民。事实上，即使本书关于新移民的考察没有涵盖这种处于结构性末端的劳动力移民和非法移民类型，这种结构性新移民权力问题的解决仍然需要一种契约工具来完成，虽然这种契约主要是以政府之间的协议形式来完成的。这样分析的结果引出了另外一些问题：处于不同结构层次的新移民分别如何运用契约工具来保障自身权利？主权和不同的结构性新移民之间的互动关系分别存在一种什么样的结构层次？主权和结构性新移民之间的互构关系分别是一种什么样的身份构造运动？这是本书需要进一步探讨的内容。

二、马来西亚新移民：从国家到跨国网络

本小节以 Tim Bunnell 的《从国家到网络及其回归：马来西亚的跨国社会、阶级和国家认同》作为分析材料，通过以下几个角度来探讨马来西亚新移民建构的跨国社会现象以及与国家认同的关系：

（1）Castells 提出的网络社会（network society）的概念。这个概念的出现对 20 世纪 90 年代以来的马来西亚政治经济重新定位有显著影响。网络社会概念的提出是基于信息社会（ICT）的理念。1996 年马来西亚启动“多媒体超级走廊”（也称“电子港”）计划（the project of the Multimedia Super Corridor，简称 MSC），这是马来西亚联合邦为了因应信息社会（K-economy or Knowledge Based World）的跨国资源配置而采取的行动。虽然马来西亚制定政策吸引外国高技术人才或者“海归”人才，并试图构建一种跨国社会空间，但是，国家作为主权行为体仍然有效控制着边界。国家通过选择和激励政策来管理移出民和移入民，从而塑造跨国社会时代的国家身份认同。

（2）国家领土和后殖民身份认同。20 世纪 60 年代后，东南亚进入后殖民时代，马来西亚以马来土著文化和马来—伊斯兰文化作为国家身份认同的

核心。然而，70 年代的新经济政策导致了非马来族群的边缘化。进入 80 年代后，马来西亚的本地人优先种族主义政策导致非马来族群通过移民、投资和学习离散到国外，制造了非马来族群的“问题公民”。90 年代以后，马来西亚提出“2020 年宏愿”（Vision 2020），目标之一是建立一个拥有同一感和归属感的马来西亚民族，消除马来中心和非马来边缘之间的分裂。

（3）全球转向和多元文化的重新配置。全球化以来，马来西亚面临着地区化和全球化压力，这种压力使其国家身份认同受到影响。自 20 世纪 60 年代以来，马来西亚奉行出口导向型的工业化政策，使其日益融入地区化和全球化经济之中。造成这种现象的原因大致有三个：其一，非马来人的资本投资。马来西亚的资源有两个吸引力，一是劳动力成本低，二是华人资本的网络化。其二，地区内竞争和地区外的中国、印度的经济开放所带来的竞争压力。其三，马来民族主义者对跨国联系特别是华人历史贸易网络的关注。这些原因使得马来西亚的政策进一步开放，也实行多元文化主义政策来建构国家身份认同。

（4）跨国网络和空间的再造。自 20 世纪 80 年代以来，马来西亚开始进行信息社会的国家归属感的跨国空间再造工程。政府的信息化、电子化，马来西亚工业园计划等一系列规划，目的都是创建一个信息电子工业的全球空间和自由贸易带。这些信息产业计划的实施主要依靠从国外返回的再回归移民，因此国家制定了激励机制来吸引技术移民的回归，如 2002 年的“知识经济总体规划”（K-economy Master Plan）。这种跨国经济空间的设计，其意图是把吉隆坡和硅谷或者世界上其他高科技中心连接起来，而马来西亚的海外移民将会在其中起到关键作用。

（5）跨国空间及“他者”。马来西亚政府推动的网络经济全球化导致一种跨国社会空间再造和多元主义政治转型。这会出现两个问题：这种跨国空间再造，在多大程度上会导致一种平等主义的、多元文化主义的民族身份认同的国家概念？在这种跨国空间再造过程中，这种知识经济转型在多大程度上能够满足那些成为“问题公民”的非马来族群的需求？笔者认为，经济重置计划不能立即去除马来“特权”的政治压力。然而，马来西亚经济如果要完成从制造业转向知识经济这个转型任务，华人在实现这个目标中将会起到关键性的作用。华人学生在国外接受高等教育，是马来西亚的高端人力资源。非马来人被视为“他者”，在跨国社会空间的构造中，这个“他者”的种族分类削弱了马来西亚国家经济转型的战略目标效果。因此，这种跨国的经济战略要求国家采取一种宽容的多元种族政治和多元文化主义政策。但是，这种经济转型又会排斥低技术劳工移民，从而制造了新的“他者”。

（6）国家和全球化的关系。在全球化时代的信息社会中，移民和贸易这种跨越边界的联系构造了一种去中心化的新的跨国网络，是一种从国家到网络的转型过程。然而，国家在这种跨国社会网络中，仍然反应于、可商议于以及可便利于跨国流动和进程。国家可以通过劳工和移入民政策的设置来影响移民构造跨国社会空间的运动。自20世纪90年代以来，马来本地人政治话语与信息社会要求的跨国网络之间构成一种政治张力，这种政治张力通过选举政治体现出来。马来西亚的这种经济转型需要非马来人，尤其是华人技术人才的参与，并且需要一种去种族主义化的政治机制。①

通过Tim Bunnell提供的资料可以得出以下推论：第一，移民是全球化中的全球性流动要素，这种全球性流动要素可以构造一种经济层面上的跨国贸易网络和全球市场，以及社会层面上的跨国社会空间。第二，新移民结构性层次中的高端、中端移民——技术移民和资本移民，是信息经济中的高端人力资源，构成了一种全球化新经济需求的高端移民市场。第三，移民作为一种全球性流动要素，具有去领土化、去中心化的解构功能。第四，主权国家通过设置移民政策来影响移民构造跨国社会空间的运动。第五，移民的这种要素流动性要求一种全球性权力，这种权力体现为高端新移民选择居留地的权力。第六，新移民具有的这种构造跨国社会空间的权力和全球性流动的权力，是一种新身份构造的过程。第七，置换到全球化语境之后，在移民身份构造运动中，主权从一种核心变量转变为一种环境变量，移民从一种被动客体转变为一种主动主体。第八，为了实现从传统制造业向信息工业的经济转型这个任务，马来西亚于2002年制定了“知识经济总体规划”（K-economy Master Plan）等一系列政策来吸引国外高端技术新移民，尤其是吸引马来西亚的高端新华人，因其在马来西亚经济转型中起到了关键性作用。这个案例说明，在全球化的跨国社会和新移民构造身份的运动中，主权和新移民之间也存在一种契约关系，具体体现在国家的移民政策上。在这种契约关系中，高

① Tim Bunnell，“From Nation to Networks and Back Again：Transnationalism，Class and National Identity in Malaysia”，in Brenda S. A. Yeoh and Katie Willis（eds），*State/Nation/Transnation：Perspectives on Transnationalism in the Asia-Pacific*，London and New York：Routledge，2004，pp. 144 – 160.

端新移民作为一种主动主体，而主权作为一种环境变量。因此，本书把新移民在全球化过程中构造的跨国社会称为新移民的新全球主义身份社会。由于新移民在这种新全球主义身份社会中是以一种主动主体身份出现的，主权作为一种环境变量，依靠移民政策和修正种族主义的政治机制来吸引新移民。这种主权和新移民之间的契约性关系，本书称之为新移民的契约性新全球主义身份社会。

结 语

一、关于研究问题方面

本书的研究对象是东南亚华人政治问题。本书运用的参考文献是东南亚学者的学术成果。其中，王赓武提出了东南亚华人的身份问题，本书根据这个问题线索，发现了第一个推论：学术界存在一个东南亚华人的身份问题领域。本书在探讨东南亚华人身份问题领域的时候，得出第二个推论：东南亚华人身份问题领域中存在一个东南亚华人的身份政治问题，东南亚华人政治是一种身份政治。在探讨东南亚华人身份政治的过程中，本书得出第三个推论：身份政治中存在一个基本关系：主权和移民之间的关系，这个关系包含两个视角：主权维度和移民主体维度。在对主权和移民之间的互构关系进行考察时，本书得出第四个推论：主权和移民之间的互构关系是一种契约性的相互构造的政治过程。在对身份政治进行阶段考察的时候，本书得出第五个推论：新移民阶段对应着一种新身份，即新全球主义身份，在这种新全球主义身份的构造过程中，主权和移民二者之间的互构关系仍然是一种契约性的新全球主义身份的构造运动。

二、关于基本假设方面

本书假定：学术界存在一个东南亚华人身份问题领域。东南亚华人身份问题领域中存在一个东南亚华人身份政治问题。东南亚华人政治是一种身份政治。华人身份政治中包含一种基本关系：主权和移民之间的关系。主权和移民之间的关系包含两个视角：主权维度和移民主体维度。主权和移民之间的关系是一种互构的政治运动过程。主权和移民之间的互构运动是一种契约性身份政治的互构过程。身份政治具有时态变化，其阶段分期包括事件史和观念史两个历史线索。新移民也对应着一种身份概念，即新全球主义身份概念。新移民的新全球主义身份仍然是一种契约性新全球主义身份。

三、关于案例方面

本书选取了马来西亚华人政治作为案例材料。其中，朱自存的一篇文献《独立前西马华人政治演变》，本书用作分析东南亚华人身份政治这个概念的材料。何启良的一篇文献《独立后西马华人政治演变》，本书用作分析东南亚华人的种族身份政治概念的材料。田英成的一篇文献《砂劳越华人政治演变》，本书用作分析东南亚华人的主权身份政治概念的材料。曹云华的一篇文献《从马来西亚华侨到马来西亚华人》、许梅的一篇文献《马来西亚华人的政治参与》以及詹运豪的一篇文献《沙巴华人政治演变》，本书用作分析东南亚华人的公民权身份政治概念的材料。Motoko Shuto 的一篇文献《东亚和东南亚的劳动力移民和人的安全》，本书用作分析东南亚华人的结构性新移民的材料，并对本书设置的新全球主义身份概念进行了开放性的批判。Tim Bunnell 的一篇文献《从国家到网络及其回归：马来西亚的跨国社会、阶级和国家认同》，本书用作分析全球化的跨国社会空间的构造和新移民的新全球主义身份社会之间的关系的材料，并对全球化语境下的主权和移民之间的关系作了进一步探讨。

四、关于身份的测量方法

身份具有不同的构成成分，如王赓武提到的身份认同的政治、经济、文化、自然四个范畴，曹云华提到的文化适应包括语言、生活方式、族群关系三个方面的容忍、接受的初级阶段与包括政治认同、族际通婚、宗教信仰三个方面的认同、融合的高级阶段。可见，身份成分可以细分为几个结构性层次，析出数个或数十个细小的变量。对身份成分的各个变量可以用统计学方法来进行测量，但是，在本书中没有运用这个复杂庞大的工作方法。本书把这个测量工作放到未来的田野调查中去实行。但是，本书仍然对身份成分的测量方法进行了理论准备和方法准备。总的来说，身份成分的测量方法可以从两个方面进行设计和实践：

测量方法一：质量法，即性质测量法。质量法的例证一：库恩和麦克帕兰发明的“二十句陈述测试法”①，这是最早的测量技术之一，该方法只能获得一种定性资料。这个方法只是设计了一个核心问题“我是谁”，要求被测试者对这个问题给出20个答案，然后对这些答案进行分析处理，析出被测试者个体身份和公共身份或社会身份的各种指代的本质、用语符号的质量评估和不同要素的重要性。质量法的例证二：扎瓦罗尼的调查技术法②，这个方法也只能获得定性资料。该方法通过设计一个类型学方法，让被测试者区分一个大类别中的不同亚群体，在一些亚群体认同上附以不同的数价和意义。这种方法的实际应用和资料分析难度很大。

测量方法二：度量法，即程度测量法。这方面的例证是德里吉尔的测量表法③，这种方法可以得到一种数量值，以衡量某种变量的准确度、可信度、明确度和效度。该方法设计一个测试量表，由被测试者对群体成员资格的不同侧面在量表上作出强度不等的确认或者否认。该量表最初是为了测量民族身份而设计的，可以应用于其他群体认同强度的测量。例如，在马来西亚华人人口政治研究中，可以运用统计学的方法，对华人族群身份政治进行量表设计，进而析出种族主义政策的身份政治对华人人口的效应。

五、关于东南亚华人身份政治和契约性身份政治这个分析框架的适用性问题

东南亚华人和近代欧美移民有很大区别，甚至可以这样理解，东南亚华人根本不是移民，至少不是欧洲词汇意义上的移民。移民是一个欧洲词汇，正如离散概念一样，用来描述东南亚华人时会产生偏差。原因一，华人和东南亚区域有上千年的历史联系。原因二，华人和东南亚区域有上千年历史的区域内的自然经济联系和自然社会联系。原因三，海外华商网络促成了东南亚区域经济地理，例如港口、城市的形成。原因四，华人活动促成了东南亚地域整体观念的形成。原因五，华人与东南亚当地族群属于同一性的东方文

① Kuhn, M. H. and McPartland, T. S., “An Empirical Investigation of Self Attitudes”, *American Sciological Review*, 1954, Issue 4.

② Zavalloni, M., “Cognitive Process and Social Identity through Focused Introspection”, *European Journal of Social Psychology*, 1971, Issue 1.

③ Driedger, L.,“Ethnic Self-Identity: A Comparison of Ingroup Evaluations”, *Sociometry*, 1976, 39.

化圈。原因六，华人与东南亚当地族群在“去殖民化”的政治共同体构造中，形成了一种共同的现代民族身份。原因七，华人与东南亚当地族群一起完成了东南亚政治地理的构造。因此，东南亚华人与西方殖民的“移民”概念是不相符的。在这个意义上，笔者认为，华人史是东南亚史的一部分，华人是东南亚民族的一部分，华人与当地族群一样具有构建现代政治共同体的主权者的权力。从东南亚华人具有的完整历史形态这个角度看，本书设置的东南亚华人身份政治只适用于东南亚华人研究这个狭窄的领域。但是，从华人运用契约工具实行自身身份构造的政治运动这个角度来看，本书提出的契约性身份政治概念可以适用于其他地区的华人研究，尤其适用于美国华人研究。美国华人受到一种美国同化政策和中国治外法权的双核心的支配性权力的压力，美国华人从这种支配性权力中解放出来的途径是以个人和族群经历重构美国历史观和美国宪法观。重构美国历史观，即华人史是美国史的一个组成部分；重构美国宪法观，即华人以宪法为契约依据，实行一种“去种族化”的公民权身份构造的政治运动。因此，从这个角度看，美国华人的历史也可以解释为一种契约性的身份政治史。

余论：国际移民认同问题的研究方法和验证

学术界一般认为，人类历史上有三个时期的全球性大移民：第一时期，从人类史初期一直持续到16世纪，动力机制包括寻求新的生存资源、居住地和军事征服；第二时期，从大航海时期一直持续到20世纪中期，动力机制包括由欧洲移民主导的对新世界“无主地”的迁移活动与对非洲、亚洲和美洲的殖民活动；第三时期，从后冷战时期或者全球化时期开始，动力机制是由泛资本主义兴起所推动的、更加复杂化和多维化的移民活动。① 从这种移民分期看，学术界对移民认同问题的研究包括三个主题：族群身份层面的文化认同、民族身份层面的国家认同，以及全球化时期多重身份层面的全球认同。

一、一种身份政治研究方法

身份问题成立的假定条件是人的社会性的存在。按照詹姆士的观点，个体和群体的身份仅存在于来自他者的反馈和判断。②“身份”（identity）一词，在中文里，名词意为“身份”，动词意为“认同”。社会学中的身份概念分为两类：一是赋予性身份，是指基于个体出身而被赋予的一种社会属性。霍尔认为，身份是立场而非本质，因此存在一种身份政治，即一种立场政治。这是一种局限于出身法则的政治。③ 二是获得性身份，是指个体通过后天工作而获得的社会属性。在人类早期，赋予性身份占据主导地位；在现代时期，则是获得性身份占据主导地位。从这个角度看，人类史也可以看作是一部身份

---

① Majid Tehranian，“Cultural Security and Global Governance：International Migration and Negotiations of Identity”，in Friedman，Jonathan & Randeria，Shalini（eds.），*Worlds on the Move*，London & New York：I. B. Tauris & Co Ltd，2004，p. 20.

② William James，*The Principles of Psychology*，Volume 2，New York：Dover Publications，1890（reprinted 1950）.

③ Stuart Hall，“Cultural Identity and Diaspora，Qtd from Lisa Lowe”，*Immigrant Acts：On Asian American Cultural Politics*，Durham，N. C.：Duke University Press，1996，p. 83.

史或者一部身份政治史。福特认为，“身份政治从来不是一个新事物……在某种意义上，所有的政治，都是身份的；所有的身份，都是政治的”①。

根据身份政治术语出现的时间，可以把身份政治运动分为两个时期：一是20世纪60年代末以来，以身份政治为主题的新社会运动时期；二是20世纪90年代以来的全球化身份政治运动时期。考夫曼认为，身份政治是一种新政治原则，现在进入了政治学思想和实践的中心。它具有两个方面的影响：一是身份成为组织政治的动员力量，二是解释身份成为政治的中心任务。② 按照现代社会科学学术史，族群类型学一度被发达的民族国家研究所削弱，但是它一贯维持着其地位并且当前再次复兴而居于跨国主义、身份政治以及移民研究所关注的学术领域中心。③ 身份研究在20世纪80年代以来进入诸多社会科学研究的核心领域，包括进入了政治学研究的中心领域。移民研究与身份政治研究方法的理论结合点基于两个方面：一方面，移民是一种少数族裔的亚族群身份；另一方面，移民身份变化也是一种身份政治化。移民身份变化引起三个身份政治问题：一是族群身份相对应的文化认同问题；二是民族身份相对应的国家认同问题；三是多维身份相对应的全球认同问题。

福山探讨了西方移民的身份政治问题，他认为西方的身份政治产生于西方自由主义政治传统内部的缺陷，这种缺陷在于其基本单位是个体而不是群体。西方身份政治起源于宗教—文化—族群群体为了保护群体身份认同而发起的宗教战争及其引发的宗教改革，这种新教传统认为，救赎的中心问题在于个体内在认同和外在社会标准之间的符合。这种立足于宗教立场的西方身份认同的内外二维分离，体现在西方思想领域和现代市场与民主社会现实之中。虽然西方身份认同这种被承认的政治具有天然的西方政治性，然而西方社会只具有微弱的群体身份认同，与其他族群认同相比，欧洲精英认为欧洲已经超越了被族群和国家所定义的身份认同，这一点使西方社会面临危险。解决方案有二：一是建立以欧洲个人主义传统为基础的多元主义原则和社团主义制度；二是西方对国家认同重开对话，通过一种具有积极价值和共享信念的后族群形式的国家认同、国家公民和归属感，以缓解目前来自相对主义

① Richard Thompson Ford, “Political Identity as Identity Politics”, *Unbound: Harvard Journal of the Legal Left*, Harvard Law School, 2005, Volume 1, Issue 53.

② L. A. Kauffman, “The Anti-Politics of Identity”, *Socialist Review*, 1990, No. 1, pp. 67 – 80.

③ Michael Kearney, “The Local and the Global: The Anthropology of Globalization and Transnationalism”, *Annual Review of Anthropology*, 1995, pp. 24, 559.

的压力。①

（一）族群身份：文化认同

移民身份政治考察的第一个维度是族群身份及其相对应的文化认同问题。族群与种族、民族概念有所区别。种族基于生物性特征；种族主义是一种极端主义的身份政治。族群基于文化性特征，如语言、宗教、地域族群；原教旨主义是一种激进主义的身份政治。民族基于政治性特征；民族主义是其身份政治运动形式，民族国家是其实现形式。因此，此处使用的族群概念，是一种文化性群体概念；而与族群身份相对应的认同形式，即一种文化认同问题。按照布雷特尔的观点，从概念差异上看，研究族群身份的文献可以被划分为三种不同的理论方法。② 一是在20世纪60年代以前盛行的原生主义方法（primordialist approach），其主要观点认为，族群身份是群体文化深层的配属性的研究附件（The ethnic identity is the result of deep-rooted attachments to the study of ethnicity）。例如，古普曼和费格索认为，即使在后结构主义时期，也可以强调在多重的、流动的自身表现基础上进行一种随机性的和交互性的文化理解。③ 二是工具主义方法（instrumentalist approach），聚焦于把族群身份作为追求功利性实际利益的一种政治策略。例如，莱曼和道格拉斯认为，移民把种族身份和族群认同“作为一种征募补充新成员来进行归属和排斥过程的群体现象，凭此个体可以利用种族身份作为一种在多元主义社会背景下谋生的机动措施和策略”④。三是情境主义方法（situational approach），出自弗雷德里克·巴斯的理论著作⑤，强调在具体的历史和社会环境中族群身份流动性和随机性的建构。⑥ 例如，罗姆门斯认为，“我们

① Francis Fukuyama, “Identity and Migration”, *Journal of Democracy*, 2006, Volume 17, Issue 2.

② Caroline B. Brettell, “Theorizing Migration in Anthropology”, in Caroline B. Brettell and James F. Hollifield (eds.), *Migration Theory: Talking across Disciplines*, London and New York: Routledge, 2000, p. 114.

③ Akhil Gupta, James Ferguso, “Culture, Power, Place: Ethnography at the End of An Era”, in Akhil Gupta and James Ferguson (eds.), *Culture, Power, Place: Explorations in Critical Anthropology*, Durham, N. C.: Duke University Press, 1997, pp. 1-29.

④ Stanford M. Lyman and William A. Douglass, “Ethnicity: Strategies of Collective and Individual Impression Management”, *Social Research*, 1973, p. 350.

⑤ Frederik Barth (ed.), *Ethnic Groups and Boundaries: The Social Organization of Cultural Difference*, London: George Allen and Unwin, 1969.

⑥ Marcus Banks, *Ethnicity: Anthropological Construction*, New York: Routledge, 1996.

总是在一定的社会和文化语境中通过不断地建构和协商来进行身份定义"①。在后两种研究方法中，华尔曼认为，居于族群学核心的是，背景不同的移民及本地居民之间相互连接的方式是创造身份认同边界和跨边界的身份商议（identity negotiation）。②

关于文化认同研究的一个早期模型是戈登提出的同化模型，该模型详述了同化理论的七个层次，其中之一是一种假定的本地社会对移民的民族性和集体性身份的同化层次。③ 学术界一般认为，该模型是对美国中心论的熔炉理论的一种注解。

可见，在此类文化认同的身份政治理论体系中，族群和移民身份的关系是一种中心自变量和因变量的关系：族群—文化因素居于自变量的中心地位，因变量身份认同问题是由移民的这种族群—文化因素主导变化的。这种文化认同研究是早期移民身份认同研究的主要构成部分，但是随着民族国家因素和全球化因素的介入，这种文化认同的单一身份认同模型失去了最强有力经验的支持，与文化认同推论不一致的案例使该类模型显得视域狭窄和失去了经验事实支持的充分性。因此，学术界下一步要做的工作，是提出一种新型的身份认同研究的假设和模型，来重新涵盖这些经验材料的溢出现象。

（二）民族身份：国家认同

移民身份政治考察的第二个维度是民族身份及其对应的国家认同问题。种族和族群是民族意识的早期来源与基础要素，在一定条件下，民族国家的民族政策表现为程度不同的族群或者种族政策。按照莫耶斯的观点，研究民族国家移民政策中的种族主义身份政治的理论可以分为三大类。④ 第一类是关于本地人和移民之间的经济竞争关系的理论，包括马克思主义方法和多元主义方法。二者的相同点是都认为经济因素和社会利益群体是形成以种族主义

① J. A. Rummens, "Conceptualising Identity and Diversity: Overlaps, Intersections and Processes", *Canadian Ethnic Studies*, 2003, Volume 35, Issue 3.

② Sandra Wallman, "Ethnicity and the Boundary Process in Context", in John Rex and David Mason (eds.), *Theories of Race and Ethnic Relations*, Cambridge: Cambridge University Press, 1986, pp. 226 – 245.

③ M. M. Gorten, "The Nature of Assimination and the Theory of the Melting Pot", in E. P. Hollander & R. G. Hunt (eds.), *Current Perspectives in Social Psychology* (Third ed.), NY: Oxford University Press, 1971, pp. 102 – 114。

④ Eytan Meyers, "A Theory of Immigration Policy", in *International Immigration Policy: A Theoretical and Comparative Analysis*, New York: Palgrave Macmillan, 2004, pp. 5 – 26.

为基础的移民政策的两个变量；二者之间的区别在于对民族国家功能的理解，即国家究竟是作为社会利益群体的工具还是价值中立的平衡者和调节者。例如，胡斯班兹认为，由于不同族群之间对本地社会稀缺资源的竞争导致种族主义移民政策的出现，形成包括工作岗位、住房、私有财产和公共福利的竞争市场①。第二类是关于突出本地人与移民两类族群之间文化失调的理论。例如，玛尼认为，此类理论强调文化价值的首要性，并认为国家认同是移民政策的首要决定因素。② 费瑟尔认为，与此类理论相联系的有两个最常用的理论分支：其一是边缘理论，该理论强调在移民与本地支配族群之间因文化差异所产生的影响、因文化差异导致的移民波动和因经济衰退引起的政策收缩。其二是接触理论，该理论强调在国外出生的居民所占百分比的影响。③ 第三类是关于对国际关系和多边协议中移民政策影响的研究。该类理论也有两个理论分支：其一是现实主义方法，该理论强调国家间的冲突影响移民政策。其二是新自由制度主义学派的方法，该理论强调国际制度和机制有利于国家之间在移民控制政策议题上展开合作，如欧盟内部成员的多边移民协议。

关于国家认同研究的其中一个模型是玻尔力二维度同化模型，该模型运用一个 2×2 矩阵在族群—文化认同与国家—区域认同之间得到四种象限结果：双文化主义——体化［认同族群—文化身份和宏文化（macro-culture）］、同化（个体对族群—文化群体认同的边缘化和高度认同宏文化）、分离化（强度认同族群—文化身份和在宏文化中的边缘化）及边缘化（个体对族群—文化群体和宏文化认同的二维边缘化）。④ 从玻尔力模型可以看出，该理论包含文化认同维度和国家认同维度两个维度，但是没有涉及全球化这个维度。

可见，在此类国家认同的身份政治理论体系中，民族国家与移民身份的关系是一种中心自变量与因变量的关系：民族国家因素居于自变量系列的中心地位，移民身份政治这个因变量的变化主要是由民族国家因素的介入完成的。这种移民身份认同政治的假定和模型由单一的文化认同向二维的国家认

① Christopher T. Husbands, "The Dynamics of Racial Exclusion and Expulsion: Racist Politics in Western Europe", *European Journal of Political Research*, 1988, Volume 16, Issue 6, pp. 701 –720.

② Jeannette Money, *Fences and Neighbors: The Political Geography of Immigration Countrol*, Ithaca: Cornell University Press, 1999, pp. 6 –7, 27 –30.

③ Joel S. Fetzer, *Public Attitudes towards Immigration in the United States, France and Germany*, New York: Cambridge University Press, 2000, pp. 5 –16.

④ J. W. Berry, "Immigration, Acculturation, and Adaptation", *Applied Psychology: An International Review*, 1997, Volume 46, Issue 1, pp. 5 –34.

同转变；在这两个维度之中，民族国家因素居于主导地位，同时，文化因素不可缺少。国家认同的移民身份政治假定和模型产生于民族国家的诞生、发展和相对变异的历史之中，是主权的一种作用方式，得到了实证材料的充分支持，曾经一度成为移民身份政治研究的主导领域。因此，可以容易地得出这个结论：民族国家这个变量介入以后，在移民身份政治研究的每一个分类别或者分学科的研究领域之中都起着作用。但是，伴随着民族国家的演化进程，特别是全球化因素介入以后，国家认同的原有假定和二维模型就失去了大量实证案例的强力支撑，其预设的坚实基础不断削弱，从而预示着移民身份政治的假定和模型有待进一步丰富和发展。

（三）多维身份：全球认同

移民身份政治考察的第三个维度是全球化时期多维身份及其对应的全球认同问题。关于全球化的研究模型，按照戈登的观点，全球化时代是一个大变革的时代①；按照罗伯逊的观点，全球化过程是一种双重的全球本地化过程（globalization）②。按照雷斯尼科的观点，全球化至少在三个方面对移民身份产生了影响：其一，从国家认同的角度看，跨国移民作为全球化的一个要素，具有去领土化的特点，作用于长期以来处于支配地位的民族国家认同和区域认同的基础；其二，从文化认同的角度看，逐渐增多的跨文化交往解构和重构了移民长期以来的规范和角色；其三，移民出现了多领域、多维度与多层面的多重身份建构现象，这种多重身份对移民的类属认知产生了根本影响。③按照琼斯的观点，之前的大多数身份研究模型是单维度的，比如种族、族群、性别（女性主义）和民族身份认同；全球化作为一个变量被计算入身份政治问题领域之后，需要一种相互交叉的多重和多维身份的模型。④ 按照瑟恩的观

---

① D. C. Korten, *The Great Turning*: *From Empire to Earth Community*, CA: Berrett-Koehler Publishers Inc., 2006.

② R. Robertson, "Social Theory, Cultural Relativity and the Problem of Globality", in King, Anthony D. (ed.), *Culture*, *Globalization and the World-System*: *Contemporary Conditions for the Representations of Identity*, Minneapolis: University of Minnesota Press, 1997, pp. 69 - 90.

③ J. Resnick, "Alternative Identities in Multicultural Schools in Israel: Emancipator Identity, Mixed Identity and Transnational Identity", *British Journal of Sociology of Education*, 2006, Volume 27, Issue 5, pp. 585 - 601.

④ S. R. Jones, & M. K. McEwen, "A Conceptual Model for Multiple Dimensions of Identity", *Journal of College Student Development*, 2000, Volume 41, pp. 405 - 413.

点，这种单一身份的观点是由于身份政治图式的狭窄限制了研究视域所造成的。[①] 这种全球化变量参与构建中的多重身份和多维身份之一的形式是全球认同，苏格拉底创造的“世界公民”一词是这种全球身份认同的源头。按照阿罗和塞德伯尔格的观点，多维度的全球身份认同超越国家边界和文化分界，认同于全球人类共同体；它倾向于扩散性、包容性，与此相区别的是，其他单维度身份认同倾向于具体性、排他性以及区分为内集团和外集团。[②] 多维身份模型由雷诺兹和蒲柏提出，用来解释囿于多重限制的认知而产生的多重身份效应。[③]

关于全球认同的模型之一是巴奈尔杰提出的 AI 身份模型（Amalgamated Identities Model），即合成型身份认同模型。该模型具有构成一个连续体或闭联集的四个维度：其一是居于核心的隐性维度 II，即个体认同；其二是显性维度 R-EI，即宗教—族群认同；其三是显性维度 N-RI，即国家—地域认同；其四是显性维度 GI，即全球认同。AI 身份模型按照这四个维度认同的强弱 SW（strong，weak）程度划分为 16 种新兴身份，其中有 8 种显著类型。处于两端的两种身份分别是：初始身份（Nascent identity/Slow to warm up/Dormant/In limbo）在四个维度上均处于低端（w，w，w，w），位于身份认同形成进程的初始阶段；全球身份（The world/My country/My people and I）在四个维度上均处于高端（s，s，s，s），同时作为个体、某种族群或文化的成员、某个民族国家公民和全球公民，是存在于全球化和互相联结的世界之中的理想化形式。[④] 由此可以得出一个结论，即全球至少包括两个层次：其一是一种扩散性的多重认同和多维的全球认同；其二是一种包容性的人类共同体的全球认同。

可见，在此类全球认同的身份政治理论体系中，全球化与移民身份的关

---

① A. Sen, *Identity and Violence*: *The Illusion of Destiny*, NY: W. W. Norton & Company, 2006.

② H. Arrow, & N. Sandberg, “International Identity: Definitions, Development and Some Implications for Global Conflict and Peace”, in B. N. Setiadi, A. Supratiknya, W. J. Lonner, & Y. H. Poortinga (eds.), *Ongoing Themes in Psychology and Culture* (Online Ed.), Melbourne: FL, International Association for Cross-Cultural Psychology, 2004.

③ A. L. Reynolds, & R. L. Pope, “The Complexities of Diversity: Exploring Multiple Oppressions”, *Journal of Counsel & Development*, 1991, Volume 70, pp. 174 – 180.

④ P. Banerjee, “Amalganated Identities: New Phenomenon or New Paradigm?” in A. O'Roark (Chair), *Gems of Cross-Cultural Research*, *Symposium Conducted at the Meeting of the Eastern Psychological Association* (*EPA*), Boston: MA, 2008.

系是一种中心自变量和因变量的关系：全球化的要素之一是移民，全球化作为自变量居于分析的中心地位，因变量移民身份政治的变化由全球化主导推动；同时，民族国家因素和族群—文化因素在因变量的变化中起着不可缺少的作用；全球认同所拥有的支持性有效条件和实证案例不能代替文化认同与国家认同的特有作用。在这种变化的条件下，三者之间形成了一个具有一定摆动范围的动态趋势，导致全球认同的假定和模型具有复杂化和多维化的特性。在全球认同模式中，一方面，由于移民身份的多维化、多重化、多元化，产生了差异化、本土化、地方化的身份政治现象；另一方面，由于身份本质上的归属性特征，又产生了一种同一化、杂交化、一体化、全球化的身份政治现象。这两个看似相反的现象，实质上是由全球认同这一过程的两个不同观察视角造成的，即占主导地位的西方意识形态的中心化视角和边缘文化性群体的去中心化视角。移民全球认同的过程，也是一个结构性调整平衡的过程，即表现为一种中心化和去中心化的运动过程。因此，从身份政治研究方法采用的去中心化视角来看，移民的多维身份对应着一种全球认同，两者并不矛盾。

二、方法和验证

在20世纪60年代末以后，身份政治是西方社会出现的多种政治运动的主题。早在19世纪中期，身份政治、阶级政治与民族主义政治就并列出现为互相竞争的三种社会动员力量。身份政治作为一个研究术语，在20世纪80年代进入西方社会学科研究的中心领域，与之相关的研究文献随之大量出现，开始形成专门的研究领域，并初步建立本领域的哲学基础。其研究对象是与主体文化群体相对应的特定的边缘文化群体，这种边缘文化群体处于支配文化群体的限制之下。虽然目前该术语没有一个确定的可操作化的标准定义，且学术界仍存在一定的争议，但是“身份政治”一词已经成为西方社会学科不可缺少的研究术语，并被广泛地用于西方资本主义民主政治、世界范围内的本地化权利运动、民族国家主义工程或者地区自主决定权需求的政治缺失方面。[①] 关于身份政治的批评性验证，一般集中于认识论和本质论两个方面。

① Cressida Heyes, “Identity Politics”, *Standford Encyclopedia of Philosophy* (Online Ed.), Metaphysics Research Lab, CSLI, Standford University, 2002 (reprinted 2007).

从认识论角度来看，是批评差异化的个体特殊经历与解释的单一和还原这二者之一能否获得政治合法性来源与成为规范的观点。① 从本质论角度来看，批评者把身份政治看作是具有一般性的本质主义观点②的两种形式：形式一是身份的完整性被简化还原③，形式二是一种特殊身份在身份政治理论中被普遍化④；另有学者建议形式三是"策略性的本质主义"，即身份政治运动仅追求一种中间政治目标。⑤ 在制度自由主义流派观点中，现代移民身份政治研究的重点来源于以前政治边缘的身份流动性研究。⑥

学术界对国际移民身份政治术语一般有这样几种批评性解释：第一，缺失政治，该术语被用来指西方国家的政治失败；⑦ 第二，边缘政治，该术语被用来指处于西方社会边缘地位的移民群体的政治行为；⑧ 第三，主体政治，该术语被用来指移民主体在自身与外在社会规范限制之间的一致和冲突问题；⑨ 第四，差异政治，该术语被用来指在西方社会受到差别权利对待的移民群体；⑩ 第五，承认政治，该术语被用来指西方移民社会跨族群—文化社会群体之间的交往—沟通理论解释下的政治运动；⑪ 第六，对抗政治，该术语被用来

---

① Joan Scott, "Experience", in Judith Butler and Joan W. Scott (eds.), *Feminists Theorize the Political*, New York: Routledge, 1992.

② Cressida J. Heyes, *Line Drawings: Defining Women through Feminist Practice*, Ithaca, NY: Cornell University Press, 2000.

③ Elizabeth V. Spelman, *Inessential Woman: Problems of Exclusion in Feminist Thought*, Boston: Beacon, 1988.

④ Appiah (commentary), "Identity, Authenticity, Survival: Multicultural Societies and Social Reproduction", an essay by Charles Taylor, with commentary by Amy Gutmann (ed.), K. Anthony Appiah, Jürgen Habermas, Steven C. Rockefeller, Michael Walzer, Susan Wolf, in Amy Gutmann (ed.), *Multiculturalism: Examining the Politics of Recognition*, Princeton: Princeton University Press, 1994.

⑤ Gayatri Spivak, Sara Harasym (eds.), *The Post-Colonial Critic: Interviews, Strategies, Dialogues*, New York: Routledge, 1990, pp. 1 – 16.

⑥ Wendy Brown, *States of Injury: Power and Freedom in Late Modernity*, Princeton: Princeton University Press, 1995.

⑦ Susan Bickford, "Anti-Anti-Identity Politics: Feminism, Democracy, and the Complexities of Citizenship", *Hypatia*, 1997, Volume 12, Issue 4, pp. 111 – 131.

⑧ Iris Marion Young, *Justice and the Politics of Difference*, Princeton: Princeton University Press, 1990.

⑨ Charles Taylor, *Sources of the Self: The Making of the Modern Identity*, Cambridge, MA: Harvard University Press, 1989.

⑩ Taiaiake Alfred, *Peace, Power, and Righteousness: An Indigenous Manifesto*, Oxford: Oxford University Press, 1999, p. 5.

⑪ Sonia Kruks, *Retrieving Experience: Subjectivity and Recognition in Feminist Politics*, Ithaca, NY: Cornell University Press, 2001, p. 85.

指西方边缘社会群体组织的一种政治运动形式；第七，移民政治，该术语被用来指受到西方国家种族主义移民政策作用下的移民族裔，如美国有着生物学本质主义传统的“一滴法则”[1]、“有色”政策[2]以及20世纪70年代以来加拿大的多元文化主义政策；第八，开放政治，该术语被用来指西方移民社会失败政治的一种自校正方式，运动本身不具有目的性，接近于“策略性本质主义”的观点。

可见，学术界对移民身份政治理论和方法的批评与其本身一样重要。笔者认为，至少这几个观点是需要认真对待的：第一，关注移民身份政治是进行移民研究的一种方法，这种方法谨慎地立足于经验实证的支持，以对术语和模型进行甄别工作；第二，移民身份政治是关于移民的政治学探索的一个认识路径，为寻求理解移民研究领域内的多学科视角提供一部分的内在联系，是尝试建立以达到共同理解的一种理论的基本框架；第三，在本质主义的批评者看来，移民身份政治是一种开放政治，是一种追求中间目标的政治运动，不以其运动本身为预设目的。

总之，从以上列举的理论和模型中可以看出，国际移民身份政治研究在时间线索上依据从单一到多维的趋势发生和发展；新自变量的介入导致研究模型随之发生变异，以保持对后来出现的经验实证事件的有效解释和预测。对移民身份政治研究问题和方法的验证，一方面依据例外的案例材料，另一方面引入跨领域的批评性解释，使得这种研究同时具有技术论证和经验证明的性质。在移民身份政治研究各个阶段的问题和方法中，均仅仅突出了相对于身份政治这个因变量的一个中心自变量，从而排除了多因果解释的干扰，使得研究假设和模型得到尽可能的简化。在分述身份政治研究各个阶段的问题和方法时，列举了使得原来假设失效的偏差条件及其修正模型来引申到下个阶段的研究工作上。简单地说，本章主要探求国际移民身份政治研究的问题和方法之间的内在联系，希望有助于学界对这一问题的了解。

---

① Adrian Piper, “Passing for Black, Passing for White”, in Elaine K. Ginsberg (ed.), *Passing and the Fictions of Identity*, Durham, NC: Duke University Press, 1996.

② Anthony Appiah, and Amy Gutmann, *Color Conscious: The Political Morality of Race*, Princeton: Princeton University Press, 1996.

参考文献

1. 阿嘎佐诗：《从地方到民族国家》，中央民族大学博士学位论文，2007 年。

2. ［英］阿兰·巴纳德著，王建民等译：《人类学历史与理论》，北京：华夏出版社 2006 年版。

3. ［英］维多·巴素著，张奕善译注：《近代马来亚华人》，台北：台湾商务印书馆 1972 年版。

4. ［美］本尼迪克特·安德森著，吴叡人译：《想象的共同体：民族主义的起源与散布》，上海：上海人民出版社 2005 年版。

5. ［新加坡］陈剑：《马来亚华人的抗日运动》，马来西亚雪兰莪州策略资讯研究中心，2004 年。

6. 曹云华、许梅、邓仕超：《东南亚华人的政治参与》，北京：中国华侨出版社 2004 年版。

7. 曾营：《马哈蒂尔政府对华族的政策研究（1981—2003）》，广西师范大学硕士学位论文，2008 年。

8. 曾少聪：《漂泊与根植：当代东南亚华人族群关系研究》，北京：中国社会科学出版社 2004 年版。

9. 曾少聪：《民族学视野中的东南亚华人族群》，见《“东南亚民族关系”学术研讨会论文汇编》，2003 年。

10. 曾玲：《越洋再建家园》，南昌：江西高校出版社 2003 年版。

11. 代帆：《认同政治：华侨华人与中国—印度尼西亚双边关系》，暨南大学博士学位论文，2006 年。

12. 代帆：《华侨华人认同与中国——一种建构主义分析》，暨南大学博士学位论文，2003 年。

13. 傅义强：《欧盟移民政策与中国大陆新移民》，暨南大学博士学位论文，2006 年。

14. 范若兰：《马来西亚华人对伊斯兰教国的反应》，见《“东南亚民族关系”学术研讨会论文汇编》，2003 年。

15. 高伟浓等：《国际移民环境下的中国新移民》，北京：中国华侨出版社 2003 年版。

16. 胡月霞：《漂泊与离散》，浙江大学博士学位论文，2005 年。

17. ［马来西亚］何国忠：《百年回眸：马华社会与政治》，吉隆坡华社研究中心，2005 年。

18. ［马来西亚］黄家定：《华人社会与多元族群政治》，马来西亚策略分析研究所，2007 年。

19. ［美］肯尼思·W. 汤普森：《国际思想大师》，北京：北京大学出版社 2003 年版。

20. ［美］肯尼思·W. 汤普森：《国际关系中的思想流派》，北京：北京大学出版社 2003 年版。

21. ［美］肯尼思·W. 汤普森：《国际思想之父》，北京：北京大学出版社 2003 年版。

22. 李素华：《对政治认同的功能和资源分析》，复旦大学博士学位论文，2005 年。

23. 李安山编：《中国华侨华人学：学科定位与研究展望》，北京：北京大学出版社 2006 年版。

24. 廖小健：《战后马来西亚族群关系研究》，暨南大学博士学位论文，2007 年。

25. 廖小健：《英国殖民政策与马来亚马华种族政党联盟的建立》，见《中国世界民族学会第八届会员代表大会暨全国学术讨论会论文集（下）》，2005 年。

26. 龙向阳：《世界体系中的华侨华人与国际关系——一种历史的分析与反思》，暨南大学博士学位论文，2003 年。

27. 梁忠：《马来西亚政府华人政策研究》，复旦大学博士学位论文，2006 年。

28. 李其荣、王春：《华人三重性：美国与印尼、马来西亚、新加坡、泰国比较研究》，见《“东南亚民族关系”学术研讨会论文汇编》，2003 年。

29. ［英］迈克尔·莱斯诺夫等著，刘训练等译：《社会契约论》，南京：

江苏人民出版社 2005 年版。

30. ［新加坡］李元瑾主编：《新马印华人：族群关系与国家建构》，新加坡亚洲研究学会，2006 年。

31. ［马来西亚］文平强主编：《马来西亚华人人口趋势与议题》，吉隆坡华社研究中心，2004 年。

32. 秦璞：《变迁与认同》，广西民族大学硕士学位论文，2006 年。

33. ［马来西亚］饶尚东：《马来西亚华族人口问题研究》，沙捞越华族文化协会，2005 年。

34. 阮征宇：《跨国人口迁移与国家安全》，暨南大学博士学位论文，2003 年。

35. ［马来西亚］苏庆华：《马新华人研究：苏庆华论文选集》，吉隆坡马来西亚创价学会，2004 年。

36. 王子昌：《政治领导与国族打造——以马来西亚为例的研究》，见《“东南亚民族关系”学术研讨会论文汇编》，2003 年。

37. 汪波：《马来西亚华人资本的形成和发展》，暨南大学硕士学位论文，2004 年。

38. 武在争：《从排斥、隔离到融合》，华中师范大学硕士学位论文，2003 年。

39. 王显峰：《当代中国非法移民研究》，暨南大学博士学位论文，2004 年。

40. 吴前进：《国家关系中的华侨华人和华族》，北京：新华出版社 2003 年版。

41. 解启俊：《国际移民—文明冲突与融合：国际移民对国际关系的影响》，暨南大学硕士学位论文，2007 年。

42. 夏诚华主编：《新世纪移民的变迁 》，台湾新竹县玄奘大学海外华人研究中心，2006 年。

43. ［美］小查尔斯·爱德华·梅里亚姆著，毕洪海译：《卢梭以来的主权学说史》，北京：法律出版社 2006 年版。

44. 姚珠铃：《生存与发展：中国新移民在马来西亚》，厦门大学硕士学位论文，2007 年。

45. ［澳大利亚］颜清湟：《海外华人的社会变革与商业成长》，厦门：

厦门大学出版社 2005 年版。

46. 罗红波：《移民与全球化》，北京：社会科学文献出版社 2006 年版。

47. 张启雄主编：《近二十年来的海外华人》，台湾海外华人研究学会，2003 年。

48. 郑志锋：《砂拉越华人政治演变研究》，福建师范大学硕士学位论文，2003 年。

49. 赵海立：《世俗化抑或伊斯兰化：当代马来西亚政府进行合法性证明的困境》，见《厦门大学南洋研究院 50 周年庆暨“当代东南亚政治与外交”学术研讨会大会手册》，2006 年。

50. 赵和曼：《试论少数民族华人的若干特点》，见《“东南亚民族关系”学术研讨会论文汇编》，2003 年。

51. 庄国土、陈君：《1980 年代以来东南亚的中国新移民》，见《21 世纪出入境（移民）管理研讨会论文集》，2008 年。

52. 庄国土等：《二战以后东南亚华族社会地位的变化》，厦门：厦门大学出版社 2003 年版。

53. ［马来西亚］陈志明、罗左毅：《族群认同与国家认同：以马来西亚为例（上）》，《广西民族学院学报》（哲学社会科学版）2002 年第 5 期。

54. ［马来西亚］陈志明、罗左毅：《族群认同与国家认同：以马来西亚为例（下）》，《广西民族学院学报》（哲学社会科学版）2002 年第 6 期。

55. 陈衍德、任娜：《马来西亚华人与马来人族际关系演变新探》，《暨南学报》（哲学社会科学版）2002 年第 1 期。

56. 潮龙起：《移民史研究中的跨国主义理论》，《史学理论研究》2007 年第 3 期。

57. 郑仕超：《同化，融合，还是共存?》，《东南亚研究》2002 年第 3 期。

58. 费昭珣：《马来西亚政治制度对马华公会的制约》，《八桂侨刊》2001 年第 4 期。

59. 费昭珣：《对马华公会党员及其政治参与的研究》，《东南亚研究》2001 年第 3 期。

60. 郭宇宽：《马来西亚华人社会政治危机和突破》，《炎黄春秋》2007 年第 11 期。

61. 何西湖：《马来西亚华人政策的演变和发展》，《广西民族学院学报》

（哲学社会科学版）2004 年第 S2 期。

62. 黄明滢：《从侨民到公民：战后菲律宾华人社会地位的提升》，《东南学术》2003 年第 2 期。

63. 韩方明：《海外华人三重性及其作用——以马来西亚为例》，《华侨华人历史研究》2001 年第 4 期。

64. ［日］荒井茂夫：《马来西亚华人社会的语言生活和认同结构——以问卷调查为基础的分析》，《华侨华人历史研究》2007 年第 2 期。

65. 刘宏：《知识体系与社会政治变迁——以陈初明、黄基明主编的〈华人对马来世界的认知：比较的视野〉为中心》，《东南亚研究》2004 年第 5 期。

66. ［日］廖赤阳、［英］刘宏：《网络、国家与亚洲地域秩序——华人研究之批判性反思》，《华侨华人历史研究》2008 年第 1 期。

67. ［新加坡］廖建裕、代帆：《近三十年来研究东南亚的中国学者：一个初探性的研究》，《东南亚研究》2006 年第 4 期。

68. 李安山：《华侨华人学的学科定位与研究对象》，《华侨华人历史研究》2004 年第 1 期。

69. 廖小健：《马来西亚马华两族关系的几个发展阶段》，《东南亚研究》2003 年第 3 期。

70. 林勇：《马来西亚华人与马来人就业地位变化的比较与分析》，《华侨华人历史研究》2006 年第 4 期。

71. ［丹麦］迈克尔·雅各布森著，薛学了译：《论东南亚华人的可商议身份及其国际联系》，《厦门大学学报》（哲学社会科学版）2006 年第 5 期。

72. 齐顺利：《一个民族，两种想象：马来人与华人关于马来西亚民族建构问题争论之述评》，《华侨华人历史研究》2008 年第 3 期。

73. 石沧金：《二战后马来西亚华人社团的政治参与》，《世界民族》2004 年第 4 期。

74. 陶家俊：《身份认同导论》，《外国文学》2004 年第 2 期。

75. ［新加坡］王赓武著，程希译：《新移民：何以新？为何新?》，《华侨华人历史研究》2001 年第 4 期。

76. ［新加坡］王赓武、薛学了：《华人政治文化和关于马来世界的华人学术著作》，《南洋问题研究》2004 年第 1 期。

77. 王子昌：《华人移民与马来西亚的政治发展》，《世界民族》2007 年第 1 期。

78. 王虎：《东南亚华人的政治社会化——泰国和马来西亚的对比分析》，《八桂侨刊》2007 年第 2 期。

79. 王付兵：《二战后东南亚华侨华人认同的变化》，《南洋问题研究》2001 年第 4 期。

80. 王中妍：《近代马来亚华人的国家认同（1511—1957）》，《东南亚之窗》2007 年第 3 期。

81. 吴开军：《战后马来西亚华人经济演变原因和特点》，《东南亚纵横》2002 年第 7 期。

82. 许国栋：《论马来西亚华人政治》，《华侨华人历史研究》1995 年第 1 期。

83. 王望波：《东南亚华人社会政治地位的现状和发展趋势》，《南洋问题研究》2000 年第 4 期。

84. 许梅：《独立后马来西亚华人的政治选择与政治参与》，《东南亚研究》2004 年第 1 期。

85. 许梅：《制约马来西亚华人政党政治发展的种族政治因素》，《世界民族》2003 年第 1 期。

86. 余彬：《对世界华商网络的阶段考察》，《东南亚纵横》2006 年第 5 期。

87. 俞云平：《部分马来西亚华裔新一代的文化与族群认同》，《八桂侨刊》2005 年第 1 期。

88. 叶笑云：《“碎片化”社会的政治整合——马来西亚的政治文化探析》，《东南亚研究》2006 年第 6 期。

89. 杨仁飞：《平等政治权益：半个多世纪以来马来西亚华族的追求》，《东南学术》2003 年第 2 期。

90. ［日］原不二夫、刘晓民：《马来西亚华人眼中的“马来西亚民族”》，《南洋资料译丛》2001 年第 2 期。

91. 庄国土：《东南亚华人参政的特点和前景》，《当代亚太》2003 年第 9 期。

92. 庄国土：《经贸与移民互动：东南亚与中国关系的新发展——兼论近

20 年中国人移民东南亚的原因》,《当代亚太》2008 年第 2 期。

93. 庄国土:《论中国人移民东南亚的四次大潮》,《南洋问题研究》2008 年第 1 期。

94. 赵海立:《政治合法性理论及其分析架构》,《厦门大学学报》(哲学社会科学版)2004 年第 5 期。

95. 赵海立:《政治认同解构:以马来西亚华人为例》,《华侨华人历史研究》2005 年第 4 期。

96. 朱陆民:《从制度视角看马来西亚华人的参政空间》,《世界民族》2005 年第 2 期。

97. 赵自勇:《东南亚华人经济的社会政治分析》,《当代亚太》2004 年第 7 期。

98. 张圣荣:《华人参政:龙在他乡难啸天?》,《华人时刊》2004 年第 12 期。

99. 新加坡国立大学中文图书馆"海外华人特藏", http://libp-web. nus. edu. sg/chz/chineseoverseas/ocresources. htm。

100. 马来西亚南方学院马华文学馆, http://mahua. sc. edu. my/student/in-dex. phtml。

101. 澳大利亚"历史影像中的华裔澳人"资料库, http://www. chia. chinesemuseum. com. au/home. html。

102. 世界海外华人研究与文献收藏机构联合会(The World Confederation of Institute and Libraries for Overseas Chinese Studies), http://wcilcos-ch. library. ubc. ca/。

103. 邵友保博士文献与研究中心, http://www. library. ohiou. edu/sub-jects/shao/ch-database-popdis. htm。

104. 美国俄亥俄大学图书馆, http://132. 235. 47. 188/index. html。

105. 加拿大哥伦比亚大学亚洲图书馆"加华文献聚珍", http://burton. library. ubc. ca/hclmbc/index. html。

106. 加拿大华人"家谱 wiki", http://ccgwiki. vpl. ca。

107. 香港浸会大学图书馆"海外华侨华人简报数据库", http://www. hkbu. edu. hk/lib/overseas-chinese/chi. htm。

108. 香港中文大学图书馆"海外华人特藏", http://

coc. lib. cuhk. edu. hk/oca. htm。

109. 台湾世新大学“世界华文文学资料库”，http://ocl. shu. edu. tw/。

110. 暨南大学图书馆华侨华人文献信息中心“华侨华人专题数据库”，http://hqhr. jnu. edu. cn。

111. 厦门大学图书馆“东南亚及闽台研究数据库”，http://210. 34. 4. 13:8080/asia/。

112. 厦门图书馆华侨华人资料数据库，http://was. xmlib. net:8080/was40/search? channelid =42359。

113. 汕头大学图书馆“海外华人经济文献数据库”，http://202. 192. 155. 39/。

114. La Trobe University(澳大利亚拉托贝大学):Chinese Heritage of Australian Federation Developed Databases, http://www. chaf. lib. latrobe. edu. au/history. htm.

115. Chun ,Allen, *Who Wants to Be Diasporic*? Working Paper Series No. 50, Southeast Asia Research Centre, City University of Hong Kong, 2003.

116. David C. L. Lim(ed.), *Overcoming Passion for Race in Malaysia Cultural Studies*, Leiden, Boston, Brill, 2008.

117. DeBernardi, Jean Elizabeth, *Rites of Belonging: Memory, Modernity, and Identity in A Malaysian Chinese Community*, Stanford, Calif.: Stanford University Press, 2004.

118. Ding Choo Ming and Ooi Kee Beng(eds.), *Chinese Studies of the Malay World :A Comparative Approach*, Singapore: Eastern Universities Press, 2003.

119. Fujio Hara, *Malayan Chinese and China: Conversion in Identity Consciousness*, 1945 –1957, Singapore: Singapore University Press, National University of Singapore, 2003.

120. Harald Kleinschmidt (ed.), *Migration, Regional Integration and Human Security: The Formation and Maintenance of Transnational Space*, Aldershot, England, Burlington, VT: Ashgate, 2006.

121. Ian Rae and Morgen Witzel, *The Overseas Chinese of South East Asia: History, Culture, Business*, England Basingstoke, New York: Palgrave Macmillan, 2008.

122. Jonathan Friedman, Shalini Randeria, *Worlds on the Move: Globalization*,

Migration, and Cultural Security, London, New York: I. B. Tauris; New York : Distributed in the United States by Palgrave Macmillan, 2004.

123. Hsŭeh-lan-o, Chung Hua, Kua Kia Soong(ed.), *Framework for An Alternative Malaysian Economic Policy*, Resource & Research Centre, Selangor Chinese Assembly Hall University of Michigan, 1990.

124. Lee Guan Kin, *Demarcating Ethnicity in New Nations: Cases of the Chinese in Singapore, Malaysia, and Indonesia*, Singapore: Konrad Adenauer Stiftung: Singapore Society of Asian Studies, 2006.

125. Leo Suryadinata, *Ethnic Relations and Nation-building in Southeast Asia: The Case of the Ethnic Chinese*, Singapore: ISEAS Publications, 2004.

126. Leo Suryadinata, *Southeast Asia's Chinese Businesses in An Era of Globalization: Coping with the Rise of China*, Singapore: Institute of Southeast Asian Studies, 2006.

127. Saskia Sassen, *Deciphering the Global: Its Scales, Spaces and Subjects*, New York: Routledge, 2007.

128. Sharon A. Carstens, *Histories, Cultures, Identities: Studies in Malaysian Chinese Worlds*, Singapore: Singapore University Press, 2005.

129. Voon Phin Keong, *Malaysian Chinese and Nation-building: Before Merdeka and Fifty Years After*, Kuala Lumpur: Centre for Malaysian Chinese Studies, 2007.

130. Wei Djao,. *Being Chinese: Voices from the Diaspora*, Tucson: University of Arizona Press, 2003.

131. Wang Ling-Chi, Wang Gungwu(eds.), *The Chinese Diaspora: Selected Essays*, Singapore: Eastern Universities Press, 2003.

132. Gungwu Wang, *Only Connect: Sino-Malay Encounters*, Singapore: Eastern Universities Press, 2003.

133. Ye Lin-Sheng, *The Chinese Dilemma*, Australia: East West Pub., 2003.

134. Yen Ching-hwang, *The Ethnic Chinese in East and Southeast Asia: Business, Culture, and Politics*, Singapore: Times Academic Press, 2002.

135. Carole Pateman, "The Intrinsic Worth of Persons: Contractarianism in Moral and Political Philosophy", in Jean Hampton, Daniel Farnham(ed.), *Hypatia*,

2009, Volume 24, Issue 1.

136. David Lucas, Acheampong Yaw Amoateng and Ishmael Kalule-Sabiti, "International Migration and the Rainbow Nation", *Population, Space and Place*, 2006, Volume 12, Issue 1.

137. Deen Chatterjee, "The Conflicting Loyalties of Statism and Globalism: Can Global Democracy Resolve the Liberal Conundrum?" *Metaphilosophy*, 2009, Volume 40, Issue 1.

138. Frank N. Pieke, "Editorial Introduction: Community and Identity in the New Chinese Migration Order", *Population, Space and Place*, 2007, Volume 13, Issue 2.

139. Gwen Gustafson Scott, "Situating Fijian Transmigrants: Towards Racialised Transnational Social Spaces of the Undocumented", *International Journal of Population Geography*, 2003, Volume 9, Issue 2.

140. Keith Halfacree, " A Utopian Imagination in Migration's Terra Incognita? Acknowledging the Non-economic Worlds of Migration Decision-making", *Population, Space and Place*, 2004, Volume 10, Issue 3.

141. Kohler Valérie, "Transnationalism and Implications on Identity: The Case of Hong Kong Overseas Families in Vancouver , Canada", *Bibliothèque Numérique RERO DOC*, 2008.

142. Laksâ, " Knut Olav Krohn, Ethnic Hybridity within Identity Politics", Library for Digital Documents at the University of Oslo, 2005.

143. Mikhail Epstein, "Transculture: A Broad Way between Globalism and Multiculturalism", *American Journal of Economics and Sociology*, 2009, Volume 68, Issue 1.

144. Miretta Prezza, Emanuela Zampatti, Maria G. Pacilli and Annalisa Paoliello, " Territorial Sense of Community, Ethnic Prejudice and Political Orientation", *Journal of Community & Applied Social Psychology*, 2008, Volume 18, Issue 4.

145. Navarro, Sharon, "Border Narratives: The Politics of Identity and Mobilization", *Latin American Politics and Society*, 2003, Volume Fall.

146. Nanda R. Shrestha, Wilbur I. Smith and Charles L. Evans, " Black Migration at the Margin of Freedom", *International Journal of Population Geography*, 2003, Volume 9, Issue 2.

147. Ritendra Tamang, "Negotiating Chinese Identity in the Internet Age", *Asi-*

an Social Science, Canadian Center of Science and Education, 2008, Volume 4, Nos. 11.

148. Richard Thompson Ford, "Political Identity as Identity Politics", *Unbound: Harvard Journal of the Legal Left*, Harvard Law School, 2005.

149. Ronald Skeldon, "Interlinkages between Internal and International Migration and Development in the Asian Region", *Population, Space and Place*, 2006, Volume 12, Issue 1.

150. Theodora Lam, Brenda S. A. Yeoh, "Negotiating 'home' and 'national identity': Chinese-Malaysian Transmigrants in Singapore", *Asia Pacific Viewpoint*, 2004, Volume 45, Issue 2.

151. Thomas Faist, "Migrants as Transnational Development Agents: An Inquiry into the Newest Round of the Migration-development Nexus", *Population, Space and Place*, 2008, Volume 14, Issue 1.

后 记

本书的完成是由以下几个条件促成的：首先，暨南大学东南亚研究所（现为国际关系学院/华侨华人研究院）独特的学术特色，使我在 2003—2009 年这六年的学习过程中受到来自国际关系学、东南亚研究和华人研究这几个学术领域的熏陶，从而培养了我多元化的学术旨趣。其次，我的硕士生导师庄礼伟教授指导我进入国际关系学研究这个领域。庄教授学识渊博，学术思维敏锐，思想具有前瞻性，教风自由严谨，使我得以形成批判风格。再次，我的博士生导师周聿峨教授指导我进入了华人研究这个领域。周教授学术上积累深厚，教学上潜移默化，对我耐心宽容，使我得以潜心探索。最后便是东南亚研究所各位老师给予我的多方面的学术训练。

还记得 2003 年 9 月，我刚到暨南园，陈乔之教授在迎新会上说，希望学生能做到“三好”：做些好事，有颗好心，做个好人。曹云华教授也希望学生做到：多读书，好读书，读一百本书。在硕士阶段，有贾海涛、吴金平、侯松岭、邓仕超、龚泽宣、骆莉、许梅、林锡星和郑一省诸位老师给予我指导；在博士阶段，有王子昌、张振江、邱丹阳、郭又新、温北炎和廖小健诸位老师给予我指导。谆谆教诲，铭记于心。此外，还有文峰、卢美娟老师给了我学习上的帮助。在此，谨对东南亚研究所的所有老师表示敬意。感谢黄圣英、郑晓玲编辑在编校工作中对本书提出的修改意见。

此外，我还要对三年来一起学习和帮助过我的同学黎海波、揭晓、曾璐、郑蔚康、周玉渊、程小勇、李丽莎、陈楚钟、罗晋京、龙向阳、代帆、刘虎、叶继海和罗俊翀表示谢意，也对包括同门在内的所有同学表示谢意。

同时，我要对在家乡的家人表示感谢，他们每一天都在付出。也对所有关心我的亲友一一表示谢意，他们的每一句问候都是我完成学业的动力。

余　彬

2013 年 12 月于暨南园